W0404467

Wolfgang Wippermann

Heilige Hetzjagd

Zu diesem Buch

Für die meisten Deutschen ist der Antikommunismus nicht »die Grundtorheit unserer Epoche«, wie Thomas Mann es schon 1943 formulierte, sondern eine Tugend. Wolfgang Wippermann erzählt die Geschichte und gegenwärtige Renaissance dieses Phänomens und macht klar: Den einen Antikommunismus gibt es nicht. Vielmehr variiert die Ideologie je nach Zeit und Raum ihres Aufkommens – und mit den politischen Absichten, die dahinterstecken. Der Autor zeigt, wie zu allen Epochen der Antikommunismus, versehen mit antisozialistischen und antisemitischen Vorurteilen, als Legitimation für die Bekämpfung des politischen Gegners missbraucht wurde.

Seine neueste Streitschrift erweist sich als gewohnt kritisch, aber nicht apologetisch. Ein Plädoyer gegen den Antikommunismus, aber nicht für den Kommunismus. Damit unterscheidet es sich von fast allen Publikationen, die zum Thema vorliegen.

Zum Autor

Wolfgang Wippermann, geboren 1945 in Bremerhaven, ist Professor em. für Neuere Geschichte an der Freien Universität Berlin. Zahlreiche Gastprofessuren und Veröffentlichungen. Der streitbare wie gefragte Historiker schreibt nicht nur über Geschichte, er beteiligt sich auch an ihrer kontroversen Darstellung und Bewertung. Einem breiten Publikum bekannt ist Wolfgang Wippermann durch Wortmeldungen in populären Zeitungen und Fernsehsendungen.

Wolfgang Wippermann

Heilige Hetzjagd

Eine Ideologiegeschichte des Antikommunismus

Rotbuch Verlag

Von Wolfgang Wippermann liegen bei Rotbuch außerdem vor:

Denken statt denkmalen. Gegen den Denkmalwahn der Deutschen (2010)
Dämonisierung durch Vergleich: DDR und Drittes Reich (2. Aufl. 2009)
Autobahn zum Mutterkreuz. Historikerstreit der schweigenden Mehrheit (2008)

Dieses Werk wurde vermittelt durch
Aenne Glienke | Agentur für Autoren und Verlage
www.AenneGlienkeAgentur.de

ISBN 978-3-86789-147-9

1. Auflage

Umschlaggestaltung: Rotbuch Verlag,
nach einer Reihengestaltung von Buchgut, Berlin
Umschlagabbildung: Barbara Singer / bridgemanart.com
Druck und Bindung: CPI Moravia Books GmbH

Ein Verlagsverzeichnis schicken wir Ihnen gern:
Rotbuch Verlag GmbH
Alexanderstraße 1
10178 Berlin
Tel. 01805/30 99 99
(0,14 Euro/Min., Mobil max. 0,42 Euro/Min.)

www.rotbuch.de

Inhalt

»Ein Gespenst geht um ...«

Einleitung

»Ein Gespenst geht um in Europa – das Gespenst des Kommunismus. Alle Mächte des alten Europa haben sich zu einer heiligen Hetzjagd gegen dies Gespenst verbündet.«[1]

Marx und Engels hatten recht, mehr als sie ahnen konnten. Wurde doch nicht nur gegen den damaligen Kommunismus in Gestalt des ganz kleinen Bundes der Kommunisten eine »heilige Hetzjagd« veranstaltet, sondern auch gegen seine tatsächlichen oder auch nur vermeintlichen Nachfolger sowie gegen weitere Parteien und Regime, die als kommunistisch bezeichnet wurden, es aber keineswegs immer waren.

Gemeint sind einerseits anarchistische, anarchosyndikalistische, sozialdemokratische und sozialistische Parteien, die nicht kommunistisch waren und es zum Teil auch gar nicht sein wollten; andererseits Regime, die sich zwar als kommunistisch ausgaben, es aber wie das stalinistische in Russland, das maoistische in China und das schon einzigartige Pol Pots in Kambodscha nicht waren. Jedenfalls nicht nach der Theorie von Marx und Engels, die zwar von der Existenz eines Urkommunismus ausgingen, in dem Gütergemeinschaft geherrscht haben soll. Dieser Zustand sollte jedoch erst in einer kommunistischen Zukunftsgesellschaft wieder eintreten, die bisher niemals und nirgendwo erreicht worden ist.

Insofern gab und gibt es genau genommen keinen oder nur vermeintliche Kommunismen. Was es aber gab und gibt, sind verschiedene Ideologien des Antikommunismus – oder genauer: des Antisozialismus, Antistalinismus, Antimaoismus etc.

Unter Ideologien[2] werden Begriffe *(ideo)* und Wörter *(logien)* verstanden, welche die Wirklichkeit widerspiegeln und zugleich beeinflussen, indem sie etwas rechtfertigen, von etwas ablenken oder etwas einfordern. Ideologien sind wie andere geschichtliche Grundbegriffe »Indikatoren« und »Faktoren« der Geschichte[3] und können im Hinblick auf ihre Funktion in »Rechtfertigungs-«, »Verschleierungs-« und »Ausdrucksideologien« unterteilt werden.[4] Ideologie ist also nicht nur »falsches Bewusstsein«, sondern auch eine politische Kraft. Daher ist Ideologiegeschichte zwar nicht mit der politischen Geschichte identisch, aber ein bedeutender Teil von ihr.

Das gilt auch für die Ideologiegeschichte des Antikommunismus. Sie ist ein wichtiger Bestandteil der politischen Geschichte des Antikommunismus.[5] Nicht mehr, aber auch nicht weniger. Dass bisher keine Studie über sie vorlag, überrascht angesichts der Fülle der meist antikommunistisch orientierten Arbeiten zur Geschichte des Kommunismus.[6]

In diesem Buch wird die Ideologiegeschichte des Antikommunismus von den Anfängen bis heute und im globalen Rahmen erzählt. Dies geschieht in einer bewusst knappen Form, einer allgemein verständlichen Sprache und auf essayistische Weise. Ziel ist weder eine Apologie des Kommunismus noch eine Rechtfertigung des Antikommunismus.

Damit unterscheidet sich das vorliegende Buch von den meisten anderen zum Thema. Denn die haben entweder Partei für den Kommunismus[7] oder den Antikommunismus[8] ergriffen und sich in der Regel auf ein Land[9] und dabei wiederum meist nur auf eine bestimmte Phase seiner Geschichte konzentriert.[10]

Ein besonderer Schwerpunkt dieses Buches liegt auf der Ideologiegeschichte des deutschen Antikommunismus. Um zu zeigen, dass es sich dabei nicht um eine spezifisch deutsche Ideologie gehandelt hat, wird auch die Entwicklung in einigen anderen Ländern skizziert. Zunächst richtet sich das Augenmerk auf die USA, dann auf einige europäische Länder – Frankreich, Italien, Polen und Spanien – und schließlich mit Chile, Indonesien, Iran und Südafrika auf einige der Dritten Welt.

1. Deutschland

1.1 »Communisten-Verschwörungen«

Von den *Communisten-Verschwörungen des 19. Jahrhunderts* handelte ein Buch, das 1853 in Berlin erschien.[11] Gemeint waren die Verschwörungen des »Bundes der Kommunisten«. Doch diese Verschwörungen hat es gar nicht gegeben. Ihre Existenz konnte weder in dem Buch noch in dem ein Jahr zuvor stattgefundenen Kölner Kommunistenprozess nachgewiesen werden. Es war eine Ideologie. Schöpfer dieser antikommunistischen Verschwörungsideologie war der Mitautor des erwähnten Buches, der »Königl. Preußische Polizei-Director Dr. jur. Stieber«, der das durchaus zweifelhafte Verdienst für sich in Anspruch nehmen konnte, der erste Kommunistenjäger der Weltgeschichte gewesen zu sein. Daher ist es zwar nicht unbedingt wichtig, wohl aber interessant, sich etwas näher mit dem Lebenslauf Stiebers zu beschäftigen.[12]

Wilhelm Johann Carl Eduard Stieber wurde 1818 (im selben Jahr wie Karl Marx) als Sohn eines Theologen geboren. Wie sein Vater studiert er zunächst Theologie, um sich dann jedoch von der Theologie ab- und der Kriminologie zuzuwenden. 1844 trat er in den Dienst der Berliner Polizei, zuerst im Range eines Kriminalkommissars. Nach seinen eigenen Angaben soll er sich sogleich große Verdienste bei der Aufspürung und Verhaftung aller möglichen Verbrecher erworben haben. Vier Jahre später, im März 1848, schien jedoch seine vielversprechende Karriere beendet zu sein. Hatte er sich doch an der Märzrevolution beteiligt, und dies in herausragender und allen sichtbarer Position. Eine schwarz-rot-goldene Fahne schwenkend, soll er vor König Friedrich Wilhelm IV. durch das revolutionäre Berlin geritten sein.

Nach der Niederschlagung der Revolution von seinem König zur Rede gestellt, bestritt Stieber jedoch seine Beteiligung an den Ereignissen mit der Behauptung, dass es sich um eine Verwechselung gehandelt habe, denn er, Stieber, könne gar nicht reiten. Das war eine Lüge. Doch man glaubte ihm, und er wurde sogar mit Höherem beauftragt. Er sollte nun nicht mehr nur Kriminelle, sondern auch noch Kommunisten jagen.

Um das »Gewebe« der kommunistischen Verschwörungen zu zerstören und ihr Londoner Zentrum auszuräuchern, wurde Stieber Anfang 1851 in die englische Hauptstadt gesandt. Dort begab er sich, getarnt als »Zeitungsredakteur Schmidt«, sogleich in die »Höhle des Löwen«. Gemeint war die Wohnung von Karl Marx, von dem Stieber folgenden Steckbrief anfertigte: Marx habe zwar das »Aussehen eines Universitätsprofessors«, verfüge aber über einen »durchdringenden Blick« und trage statt einer Krawatte eine »Halsschleife, wie sie die Künstler, Maler etc. zu tragen pflegen«.

Marx habe »nach der Art sehr egozentrischer Menschen« einen Monolog gehalten, in dem er, wollen wir Stieber Glauben schenken, so etwas wie eine Kurzfassung des *Kommunistischen Manifestes* gegeben hat. Auf Stiebers Fangfrage, ob der Ausgang des von Marx propagierten »Bürgerkrieges« nicht sehr ungewiss sei, »weil alle Machtmittel doch in den Händen eben jener Besitzer seien«, habe Marx frank und frei erklärt: »Die Zeit wirkt für uns! Die jüngsten Nachrichten aus Deutschland, die ich erhielt, besagen, in allen Teilen des Landes seien Kommunisten am Werke. In Barmen ist der Polizeipräsident selbst ein Kommunist, und in Elberfeld gar besuchte die ganze Bürgerschaft unsere kommunistische Versammlung.«[13]

Doch dann sei Marx etwas misstrauisch geworden und habe den vermeintlichen »Zeitungsredakteur Schmidt« gefragt, für welche Zeitung er denn arbeiten würde. Als Stieber geantwortet habe, er schreibe für ein »medizinisches Blatt in Berlin« und sei ein »verhinderter Arzt«, habe sich Marx ganz interessiert gezeigt und folgende Frage gestellt: »Dann sagen Sie mir doch, welche wirksame Arznei gibt es gegen Hämorrhoidal-Schmerz?«[14]

Diese Geschichte ist zu schön, um wahr zu sein, lenkt aber ein wenig davon ab, dass es um mehr ging als um Marx' Hämorrhoiden (unter denen er wirklich gelitten hat). Es ging um die Freiheit »aller führenden Mitglieder und Agenten des Kommunistenbundes in Deutschland«, die aufgrund der Schnüffeleien Stiebers von den »deutschen Kriminalbehörden« festgenommen wurden.[15] »Gegen nicht weniger als zwölf« von ihnen wurde, wie Stieber sichtlich stolz mitteilte, Anklage erhoben.

Der Prozess fand vom 4. Oktober bis zum 12. November 1852 in Köln statt – ein wahrer »Monsterprozess«[16], der aber nicht so ausging, wie Stieber es sich erwünscht hatte. Obwohl er »in mühseliger Kleinarbeit« Indizien gesammelt habe, »bis etwa zweihundert Aktendeckel prall gefüllt waren«, und obwohl auch die Anklageschrift »mehrere hundert Seiten« umfasst habe, hätten die Angeklagten es immer wieder verstanden, »den Prozeßablauf mit juridischen Finten zu verzögern«.[17]

Indirekt gab Stieber damit zu, dass ihm einige Pannen unterlaufen waren. Konnten die Angeklagten, übrigens mit tätiger Hilfe von Marx und Engels aus London,[18] doch nachweisen, dass einige der von Stieber vorgelegten Belastungsdokumente gefälscht waren.[19] Die große »Kommunistenverschwörung« konnte nicht bewiesen werden – die Angeklagten wurden ›nur‹ zu drei bis sechs Jahren Haft verurteilt, einige sogar freigesprochen.

Stieber musste sich wieder der Verfolgung ganz gewöhnlicher Krimineller widmen. Dabei soll er jedoch selbst gewisse kriminelle Methoden angewandt haben. Dies blieb nicht unentdeckt. Wegen »widerrechtlicher Nötigung zur Zahlung einer bedeutenden Geldsumme« wurde Stieber 1860 aus dem Polizeidienst entlassen und in den »einstweiligen Ruhestand« strafversetzt.[20] Der neue preußische Ministerpräsident Otto von Bismarck wollte jedoch auf die weiteren Dienste des zwielichtigen Stieber nicht verzichten und ernannte ihn 1863 zum Feldpolizeidirektor. 1871 übernahm Stieber die Leitung des Central-Nachrichten-Bureaus. Damit war er zum ersten Chef eines deutschen Nachrichtendienstes geworden. 1882 starb Stieber – dem mehrere Berliner Mietshäuser gehörten – sehr wohlhabend in Berlin.

Zu Reichtum hatte es sein großer Konkurrent Karl Marx nicht gebracht, der ein Jahr später in einer Londoner Mietwohnung verstarb – allerdings in einer etwas besseren als der, in der er dreißig Jahre zuvor den »Zeitungsredakteur Schmidt« alias Stieber empfangen hatte. Dabei war Marx inzwischen zu dem geworden, was ihm Stieber damals nur unterstellt hatte: zum Führer einer kommunistischen Partei, welche die Bourgeois auf jeden Fall mehr fürchteten als das »Gespenst des Kommunismus« in Gestalt des Bundes der Kommunisten.

Diese Partei hieß Internationale Arbeiterassoziation und war 1862 in London von einigen englischen und französischen Arbeitern gegründet worden. 1865 wurde Marx zum Vorsitzenden der »Internationale« gewählt. In dieser Eigenschaft verfasste er 1870 eine »Adresse« über den Bürgerkrieg in Frankreich.[21] In dieser Schrift wurde dem Sturz des Regimes Napoleons III. und dem nachfolgenden Aufstand der Pariser Kommune eine welthistorische Bedeutung zuerkannt. Mit dem Fall des bonapartistischen Regimes in Frankreich sei nämlich die »prostituierteste und zugleich die schließliche Form« der bürgerlichen Herrschaft beseitigt und durch die proletarische der Kommune ersetzt worden, deren Herrschaft so etwas wie das Modell für die künftige »Diktatur des Proletariats« sei.[22] Und für alles sei die Internationale Arbeiterassotiation und deren Führer Karl Marx verantwortlich.

Das war eine sehr gewagte Interpretation der nationalen und, was die Pariser Kommune angeht, sogar nur lokalen Ereignisse in Frankreich, die zudem Marx und der Internationale kaum zuzuschreiben waren, für die sie aber verantwortlich gemacht wurden – stelle sich doch, wie Marx spottete, der »polizeigefährliche Bourgeoisverstand« die »Internationale Arbeiterassoziation (…) als eine Art geheime Verschwörung« vor, »deren Zentralbehörde von Zeit zu Zeit Ausbrüche in verschiedenen Ländern befiehlt«.[23] Tatsächlich würden jedoch »Mitglieder unserer Assoziation im Vordergrund stehen«, »wo immer und in welcher Gestalt immer (...) der Klassenkampf irgendwelchen Bestand erhält«.

Anstatt diese antikommunistische Verschwörungsideologie zu dekonstruieren, hat Marx sie gewissermaßen für seine Zwecke instrumentalisiert. Das war ein Trick, mit dem Marx von der tatsächlichen Schwäche der Internationale ablenkte. Doch dieser Trick war wirkungsvoll. Er hat Marx und den Kommunismus erst richtig bekanntgemacht. Die »Proletarier aller Welt« waren zwar immer noch weit davon entfernt, sich dem Kommunismus anzuschließen, doch die ›Bourgeois fast aller Welt‹ fürchteten sich jetzt wirklich vor dem »Gespenst des Kommunismus«.

Das war vor allem in Deutschland der Fall – obwohl es dort gar keinen Kommunismus geben konnte, weil der Kommunismus ja erst in der von Marx und Engels prophezeiten zukünftigen herrschaftsfreien Gesellschaft erreicht werden könne. Was es in Deutschland gab, war der Sozialismus, der die zukünftige herrschaftsfreie kommunistische Gesellschaft nur propagierte, sich im Hier und Jetzt aber, wie Stieber übrigens richtig erkannte, auf die Befreiung der »Arbeiter von der Herrschaft des Kapitals« konzentrierte.[24]

Die Ziele der 1875 aus der Vereinigung der SPD mit dem Allgemeinen Deutschen Arbeiterverein Lassalles hervorgegangenen Sozialistischen Arbeiterpartei Deutschlands (SAP) waren noch zurückhaltender. Sie versprach in ihrem Gothaer Programm nur, »die Lösung der sozialen Fragen anzubahnen« – und zwar durch die »Errichtung von sozialistischen Produktivgenossenschaften mit Staatshilfe«.[25] Das waren wirklich sehr bescheidene und keineswegs »gemeingefährliche« Forderungen. Dennoch wurde die SAP 1878 mit der Begründung verboten, dass sie »gemeingefährliche Bestrebungen« verfolge und den »Umsturz der bestehenden Staats- und Gesellschaftsordnung« anstrebe.[26]

Doch nicht einmal das war der Fall. Man wartete nur auf die Revolution, die nach der Theorie von Marx kommen musste, und verstand sich nach den Worten Karl Kautskys als eine

»revolutionäre, aber nicht Revolution machende« Partei. Der Historiker Dieter Groh hat dies »revolutionären Attentismus« genannt.[27] Dieser »revolutionäre Attentismus« war vielleicht dumm und töricht, aber keineswegs »gemeingefährlich«. Dennoch wurden der SPD weiterhin »Umsturzbestrebungen« unterstellt. Ihre Verfolgung wurde mit Verschwörungsideologien begründet, die sich ursprünglich gegen den Kommunismus gerichtet hatten und später auf den Sozialismus ausgedehnt worden waren. Zu den antikommunistischen und antisozialistischen kamen am Ende des Jahrhunderts noch antisemitische Verschwörungsideologien hinzu. Verantwortlich dafür waren einige Repräsentanten der Kirchen. Dies erstaunt und bedarf der näheren Erklärung.

Die Kirchen haben die Verfolgung der Kommunisten und Sozialisten von Anfang an begrüßt und sich daran auch aktiv beteiligt. Marx und Engels hatten so unrecht nicht, wenn sie (im *Kommunistischen Manifest*) in diesem Zusammenhang von einer »heiligen Hetzjagd« sprachen. Verdient hatten das weder die Kommunisten und Sozialisten noch Marx und Engels. Letztere hatten zwar die »Aufhebung der Religion« gefordert, in der sie so etwas wie das »Opium des Volkes« sehen wollten, doch diese »Aufhebung der Religion« sollte erst nach der Revolution in der zukünftigen herrschaftsfreien Gesellschaftsordnung erfolgen, in der die Menschen dieses »Opiums« nicht mehr bedürften.[28]

In den Parteiprogrammen der SAP war noch nicht einmal davon die Rede. Stattdessen wurde die »Trennung der Kirche vom Staat« gefordert und die Religion zur »Privatsache« erklärt.[29]

Die SAP strebte also etwas an, was in den USA schon seit dem ausgehenden 18. Jahrhundert verwirklicht worden war. Kommunistisch oder gar antichristlich war das nun wirklich nicht. Dennoch ist dies der SPD vonseiten der Kirchen vorgeworfen worden. Das war falsch; richtig und begründet war es jedoch, den Kirchen ihre antisozialistische Einstellung und Politik vorzuwerfen.

Dieser Vorwurf wurde in der Tat von vielen Arbeitern erhoben, welche die Kirchen darüber hinaus beschuldigten, nichts zur Behebung der sozialen Notlage der Arbeiterschaft getan zu haben. Dies hatte zur Folge, dass die Arbeiter scharenweise aus den Kirchen (mehr aus der protestantischen als aus der katholischen) austraten. Dafür machten die Kirchen aber nicht sich, sondern wiederum die SPD verantwortlich, weshalb sie sich zu weiterem antisozialistischen Handeln herausgefordert fühlten.

Zu ihrem Sprecher machte sich der 1835 als Sohn eines Gefängnisdirektors geborene und zum »Hofprediger« und konservativen Reichstagsabgeordneten aufgestiegene Adolf Stoecker, der 1878 die Christlich-Soziale Arbeiterpartei ins Leben rief. Damit wollte er der SPD die Arbeiter abspenstig machen. Doch das war vergeblich. Stoeckers erstes Auftreten vor Berliner Arbeitern endete in einem Debakel. Der Hofprediger wurde einfach ausgelacht. Allzu durchsichtig war sein Werben für seine neue antisozialistische Partei und seine Verteidigung der doch an sich guten und auf jeden Fall gottgewollten kapitalistischen Wirtschaftsordnung. Die umworbenen Arbeiter wussten es jedoch besser. Diese Wirtschaftsordnung war weder gut noch konnte sie gottgewollt sein.

Stoecker gab ihnen recht – jedenfalls teilweise. Für die nicht zu bestreitenden »sozialen Uebelstände« seien aber nicht der deutsche Staat und das deutsche Kapital, sondern »die Juden« verantwortlich. Das »moderne Judentum« würde seine »Kapitalkraft« und seine politische Macht zum »Ruin der Nation« und zum Nachteil der Arbeiter verwenden. Außerdem verhindere das »Judentum« die Überwindung der sozialen Missstände auf dem »Wege einer weisen Gesetzgebung« durch den Staat.[30] Mit dieser »weisen Gesetzgebung« waren die Sozialgesetze Bismarcks gemeint. Sie würden jedoch von einer SPD abgelehnt, die, angeführt von jüdischen Funktionären, das revolutionäre Programm des »Juden Marx« exekutieren wolle, anstatt die staatlichen Reformen Bismarcks zu akzeptieren.

Damit schloss sich der Kreis. Die antikommunistisch-antisemitische Verschwörungsideologie war perfekt. Kaum etwas an ihr war richtig, aber alles war wichtig und wirkungsvoll. Sozialisten wie Bernstein, Kautsky, Lassalle, Luxemburg und Singer waren zwar Juden oder – wie Marx – jüdischer Herkunft, doch ihre jüdische Identität und Herkunft bestimmte keineswegs ihr politisches Handeln. Kommunismus und Sozialismus waren alles andere als »jüdisch«. Sie sollten es aber sein und wurden dazu durch eine Verschwörungsideologie gemacht, in der die alten antisemitischen mit den neuen antikommunistischen Verschwörungsideologien verbunden wurden.

Die Rede ist von den »Protokollen der Weisen von Zion«.[31] Dabei handelte es sich um eine Fälschung; die in den »Protokollen« beschriebenen geheimen Treffen der Juden gab es nicht. Die Fälschung wurde vermutlich zwischen 1903 und 1905 von Agenten der zaristischen Geheimpolizei fabriziert und verbreitet. Eine erste deutsche Übersetzung der »Protokolle« erschien zwar erst 1920,[32] doch ihr Inhalt war schon vorher in Deutschland bekannt. Daher soll an dieser Stelle darauf eingegangen werden.

Die (je nach Sprache und Druckform) nur zwischen 40 und 60 Seiten langen »Protokolle« sind in 24 Abschnitte eingeteilt.[33] Sie handeln jeweils von einer Sitzung der ominösen »Weisen von Zion«, die von einem – wiederum fiktiven – Juden aufgezeichnet worden sein soll. Inhaltlich bestehen die »Protokolle« aus zwei Teilen. Aus einer Verschwörungsideologie und einer negativen Herrschaftsutopie.

Im ersten, verschwörungsideologischen Teil wird lang und breit beschrieben, wie »die Juden« die »Weltherrschaft« erringen wollen. Dabei berufen sie sich auf das »Recht des Starken« und stützen sich auf ihre »Herrschaft des Geldes«.[34] Sie nützen die Dummheit der »Massen« und deren »Parteienhader« aus und bekennen sich ohne Wenn und Aber zum Einsatz des schrankenlosesten »Terrors«.[35] Durch das Anzetteln von »Wirtschaftskriegen« im außenpolitischen Bereich und durch die »Verteuerung der Lebensmittel« im innenpolitischen hetzen sie die »Massen« gegen die »christlichen Staaten« auf, um schließlich selbst die Macht zu übernehmen.[36] Dabei scheuen »die

Juden« auch nicht vor Terroranschlägen gegen einzelne Personen[37] und gegen Staaten zurück. Zu diesem Zweck nutzen sie die »Stollen der Untergrundbahnen« in den »Hauptstädten der Welt«, um von dort aus »ganze Städte mit den Staatsleitungen, Ämtern, Urkundensammlungen und den Nichtjuden mit ihrem Hab und Gut in die Luft (zu) sprengen«.[38] Doch noch wirkungsvoller als diese Terroranschläge sind das »Gift des Freisinns« wie die Idee der »Selbstbestimmung« und des »allgemeinen Wahlrechts«, das dem christlichen »Staatskörper (...) eingeflößt« wird, um den kommenden »Umsturz« vorzubereiten, der von den »Nichtjuden« wie von einer »Hammelherde« hingenommen wird, in der die »Wölfe« einbrechen.[39]

Interessanter, aber weniger beachtet ist der zweite, utopische Teil der »Protokolle«. Dort wird das auf den Trümmern der alten Welt nach einem »Staatsstreich« errichtete »jüdische Weltreich« beschrieben. Regiert werden wird es von einem König, der aus dem »Hause David« stammt. Dieser »Weltherrscher« wird geradezu vergöttert, wofür eine, wie man heute sagen würde, geschickte PR-Strategie[40] und die zensierte Presse sowie die »Werbetätigkeit der Schule« sorgen, in der es keine humanistische Bildung mehr gibt.[41]

Der selbstverständlich jüdische »Weltherrscher« regiert mit Zuckerbrot und Peitsche. Es gibt keine Arbeitslosigkeit und »Vergnügungen und öffentliche Häuser«.[42] Allerdings auch keine »Trunksucht«, die – genau wie »unsittliches Schrifttum« – verboten ist.[43] Darüber hinaus wird das Volk durch eine Organisation, die an das »Wahrheitsministerium« in George Orwells negativer Utopie *1984* erinnert, systematisch verdummt. Dies geschieht durch »sorgfältig ausgesuchte Leute«, die an besonderen »Fachschulen« in »alle Geheimnisse des gesellschaftlichen Lebens eingeweiht« werden.[44] An den traditionellen Universitäten ist dagegen die »Lehrfreiheit« aufgehoben und alles gestrichen, »was irgendwie zersetzend wirken kann«.[45] Wie an den Schulen hat man dort zu lernen, dass es »nur eine Wahrheit« gibt.[46] Alle »Nichtjuden« werden in eine »Herde denkfauler gehorsamer Tiere« verwandelt.[47]

Zur totalen Indoktrination kommt der ebenso totale Terror. Er ist durch die »neue Verfassung des Volksstaates« gedeckt, wobei der Präsident die Gesetze erlässt und nach Belieben auslegt. »Zur Begründung braucht er ja nur zu sagen, diese Maßnahmen seien für das höchste Wohl des Staates erforderlich.«[48] Ausgeübt wird der Terror durch eine allgegenwärtige Polizei mit einem ausgedehnten »Spitzeltum« und »unzähligen Hilfskräften« sowie durch eine Justiz, die kein Berufungsrecht mehr kennt, welche die »Tätigkeit der Rechtsanwälte« einschränkt und die jeden »unbarmherzig hinrichten« lässt, »der sich mit der Waffe in der Hand gegen uns und unsere Herrschaft auflehnt«.[49]

Dies alles war absoluter Unsinn, dennoch wurde er geglaubt. Schien doch alles durch den Ausbruch der Revolution in Russland bestätigt worden zu sein. Die bolschewistische Revolution, deren Drahtzieher Juden wie Lew Kamenew, Grigori Sinowjew und vor allem Leo Trotzki gewesen sein sollen, wurde als Ergebnis einer lange geplanten »jüdischen Weltverschwörung« angesehen, wie sie in den »Protokollen« als *self-fulfilling prophecy* vorhergesagt worden war.[50]

Das traf nicht nur, aber vor allem auf Deutschland zu, wo der Boden für derartige antisozialistisch-antisemitischen Verschwörungsideologien besonders gut vorbereitet worden war. Hinzu kamen die vielen Schauergeschichten über die Gräuel der Bolschewisten, Juden und »jüdischen Bolschewisten«, die in Deutschland ebenfalls weit verbreitet waren und geglaubt wurden.[51]

Sie schienen zugleich die Glaubwürdigkeit der »Protokolle« zu bestätigen. Dabei war der Fälschungscharakter der »Protokolle« bereits Anfang der 20er Jahre entlarvt worden. Doch diese Zweifel, die unter anderem von der angesehenen Londoner *Times* geteilt wurden, vermochten die Antisemiten und Antikommunisten nicht zu überzeugen.

Zu ihnen zählte Adolf Hitler.[52] Er hielt die vorgebrachten Zweifel sogar für den besten Beweis für die Echtheit der »Protokolle«, was er in *Mein Kampf* mit dem Hinweis auf den notorisch lügnerischen Charakter »der Juden« begründete: »Wie sehr das ganze Dasein dieses Volkes [des jüdischen, Anm. d. Verf.] auf einer fortlaufenden Lüge beruht, wird in unvergleichlicher Art in den von den Juden so unendlich gehaßten ›Protokollen der Weisen von Zion‹ gezeigt. Sie sollen auf einer Fälschung beruhen, stöhnt immer wieder die ›Frankfurter Zeitung‹ in die Welt hinaus: der beste Beweis, daß sie echt sind. Was viele Juden unbewußt tun mögen, ist hier bewußt klargelegt. Darauf aber kommt es an. Es ist ganz gleich, aus wessen Judenkopf diese Enthüllungen stammen, maßgebend aber ist, daß sie mit geradezu grauenerregender Sicherheit das Wesen und die Tätigkeit des Judenvolkes aufdecken und in ihren inneren Zusammenhängen sowie den letzten Schlußzielen darlegen.«[53]

Der letzte Satz ist besonders wichtig. Hitler hielt die »Protokolle« nicht nur für echt; er sah in ihnen so etwas wie die letzte Bestätigung seiner schon vorher gefassten These von einer Verschwörung »der Juden«, die »schon immer« nach der »Weltherrschaft« gestrebt hätten. »Schon immer« hieß für ihn »von Moses bis Lenin«.

1.2 »Von Moses bis Lenin«

Manche Bücher haben wirklich dumme Titel. Doch den mit Abstand dümmsten hat ein Buch, das der Münchener Hoheneichen-Verlag 1924 herausbrachte. Es heißt: *Der Bolschewismus von Moses bis Lenin. Zwiegespräch zwischen Adolf Hitler und mir.*[54] Mit »mir« ist der sonst wenig bekannte völkische Ideologe Dietrich Eckart (1868–1923) gemeint. Ob er wirklich das im Buch enthaltenen »Zwiegespräch« mit Hitler geführt hat, weiß man nicht. Sicher und nachweisbar ist jedoch, dass Dietrich Eckart einen prägenden Einfluss auf Hitlers »Weltanschauung« ausgeübt hat, wie dieser sie in *Mein Kampf* niedergelegt hat[55] – einem Buch, das übrigens Dietrich Eckart gewidmet ist.

Sowohl in Hitlers *Mein Kampf* wie in Eckarts *Zwiegespräch* werden die Juden für alles Böse und Schlechte auf der Welt verantwortlich gemacht. Das gelte für »alle sozialen Ungerechtigkeiten von Bedeutung« wie für alle Bestrebungen, sie durch eine Revolution zu beseitigen. Dies habe, so Eckarts wirklich originelle Auslegung des Alten Testaments, bereits Moses versucht, der das »Pöbelvolk« der Juden um sich geschart habe, um in Ägypten eine »Revolution« anzuzetteln. Sie sei jedoch von dem »national gebliebenen Teil der Ägypter« durch die Vertreibung der Juden aus dem Land verhindert worden.

Doch es kommt noch besser. Auf Moses seien nämlich weitere »Hauptrådelsführer der jüdischen Weltrevolution« gefolgt. Eckart beginnt mit dem Apostel Paulus und endet mit dem Bolschewisten Lenin. Die weitere Ausbreitung der »jüdischen Weltrevolution« müsse jetzt unbedingt verhindert werden – durch die »Vernichtung der Juden«. Und zwar möglichst aller und keineswegs nur der bolschewistischen Juden. Wie sollte das geschehen? Eckart verweist in seinem Buch auf den großen Deutschen und Antisemiten Luther, der in seiner Schrift »Von den Juden und ihren Lügen« vorgeschlagen hatte, die Synagogen und Schulen zu verbrennen. Hitler hielt das nicht für ausreichend: »Mit dem Verbrennen wäre uns verdammt wenig geholfen. Das ist es ja! Auch wenn nie eine Synagoge, nie eine jüdische Schule, nie das Alte Testament existiert hätte, der jüdische Geist wäre doch da und täte seine Wirkung. Seit Anbeginn ist er da; und kein Jude, nicht einer, der ihn nicht verkörpert.«[56]

Wenn »Verbrennen« nicht ausreichend war, sollte es dann Vergasen sein? Das wird in Eckarts *Zwiegespräch* noch nicht, wohl aber in *Mein Kampf* an einer Stelle angedeutet.[57] Doch diese und die weiteren antisemitischen Stellen in *Mein Kampf* sollen uns hier nicht weiter interessieren. Wichtiger und für unseren Zusammenhang erhellender sind die mit den antisemitischen verbundenen antikommunistischen bzw. antibolschewistischen und antimarxistischen Aussagen.[58] Dazu im Folgenden nur eine kleine antikommunistisch-antisemitische (Gift-) Blütenlese.

Der ebenfalls als »jüdisch« konnotierte Marxismus sei bereits für die »Verfallserscheinungen im Vorkriegs-Deutschland«

verantwortlich gewesen.[59] Mit diesen »Verfallserscheinungen« waren die »Presse«,[60] die »Prostitution«[61] und die sonstige »politische, sittliche und moralische Verseuchung«[62] gemeint. Die auf den Krieg folgende »bolschewistische Welle« habe »nirgends besseren Boden als dort« gefunden, »wo eine durch Hunger und dauernde Unterernährung degenerierte Bevölkerung haust: in Mitteldeutschland, Sachsen und im Ruhrgebiet«. Dort habe auch die »Intelligenz« keinen »ernstlichen Widerstand gegen diese Judenkrankheit« geleistet, »weil ja auch die Intelligenz selbst körperlich vollständig verkommen ist, wenn auch weniger durch Gründe der Not als durch Gründe der Erziehung«.[63]

Für diese allgemeine »Vergiftung der Seele« sei wiederum »der Jude« verantwortlich, der zudem die »Gesundung« und »Reinigung des Volkskörpers« von allen »rassisch fremden« und »kranken Elementen« hintertreibe. Außerdem mache sich »der Jude an den Arbeiter heran, heuchelt Mitleid mit dessen Schicksal oder gar Empörung über dessen Los des Elends und der Armut, um auf diesem Wege das Vertrauen zu gewinnen«.[64] Mit Hilfe der »marxistischen Weltanschauung« zerstöre »der Jude« die »elementaren Grundlagen der gesamten menschlichen Kultur«.[65] »In der organisierten Masse des Marxismus« habe »der Jude« dann »die Waffe gefunden, die ihn die Demokratie entbehren läßt und ihm anstelle dessen gestattet, die Völker diktatorisch mit brutaler Faust zu unterjochen und zu regieren.«[66] »Planmäßig« arbeite er »auf die Revolutionierung in doppelter Richtung hin: in wirtschaftlicher und politischer«. Er hetze »dank seiner internationalen Einflüsse« die »Völker« in Kriege, um schließlich, »wenn nötig, noch auf die Schlachtfelder die Flagge der Revolution« zu pflanzen.[67]

Besonders betroffen sei Deutschland: »Die Bolschewisierung Deutschlands, d.h. die Ausrottung der nationalen völkischen deutschen Intelligenz und die dadurch ermöglichte Auspressung der deutschen Arbeitskraft im Joche der jüdischen Weltfinanz ist nur als Vorspiel gedacht für die Weiterverbreitung dieser jüdischen Welteroberungstendenz.«[68]

Das, was »der Jude« in Deutschland mit Hilfe der »Sturmbataillone des revolutionären Marxismus«[69] erst noch anstrebe, habe er in Russland bereits erreicht: »Im russischen Bolschewismus haben wir den im zwanzigsten Jahrhundert unternommenen Versuch des Judentums zu erblicken, sich die Weltherrschaft anzueignen.«[70] Daher fordere »der Kampf gegen die jüdische Weltbolschewisierung (…) eine klare Einstellung zu Sowjet-Rußland«. Mit ihm dürfe es kein Bündnis geben, denn schließlich könne man »nicht den Teufel mit Beelzebub austreiben«.[71]

Dieser Kampf sei jetzt aber auch zu gewinnen, da der »Bolschewismus dem russischen Volk jene Intelligenz« geraubt habe, »die bisher dessen staatlichen Bestand herbeiführte und garantierte«.[72] Der »jüdische Bolschewismus« habe damit gewissermaßen sein eigenes Grab geschaufelt und »uns hier einen Fingerzeig« gegeben, nämlich »auf Kosten Rußlands (…) Grund und Boden« zu erwerben.[73]

Dies alles ist wirklich unerträglich – stilistisch wie inhaltlich. Dennoch war es notwendig, Hitler hier so ausführlich zu Wort kommen zu lassen. Die von ihm hergestellte enge und untrennbare Verbindung der Ideologien des Antisemitismus und des Antikommunismus ist nämlich von vielen Historikern nicht erkannt, ja sogar geleugnet worden. Während die meisten bürgerlichen Historiker den Antisemitismus für weit wichtiger gehalten haben als den Antikommunismus,[74] war es bei den marxistischen genau umgekehrt. Ihnen hat sich erstaunlicherweise auch Ernst Nolte angeschlossen. Für Nolte war der Faschismus insgesamt primär und vor allem »Anti-Marxismus«.[75]

Beide Seiten hatten recht und unrecht zugleich. Der Antisemitismus war nicht vom Antikommunismus zu trennen, und beide Ideologien waren zudem mit antislavistischen und ostimperialistischen sowie Geostereotypen über den notorisch barbarischen, aber gleichwohl anziehenden »Osten« verbunden.[76] Daher tun wir gut daran, den Streit der Historiker beiseitezulassen und uns anzusehen, wie denn die Nationalsozialisten selbst gedacht und gehandelt haben.

Im Zentrum der vor 1933 betriebenen Agitation und Politik der Nationalsozialisten stand eindeutig der Antikommunismus. Mit Kommunisten (aber auch Sozialdemokraten) lieferten sich die SA- und SS-Männer blutige Saal- und Straßenschlachten.[77] Mit den meist von ihnen selbst provozierten und ausgeübten Gewalttaten schufen die Nationalsozialisten das Klima der Angst, das sie für ihre eigene »Machtergreifung« ausnützen wollten und schließlich auch ausgenützt haben. Ausgenützt wurde dabei vor allem die Angst des Bürgertums vor der »roten Gefahr«.[78]

Die nationalsozialistischen Warnungen vor der angeblich unmittelbar bevorstehenden »Bolschewisierung Deutschlands«, wobei auf die weit verbreiteten Schreckbilder von den kommunistischen »Bestien«, »Untieren« und »asiatischen Untermenschen« angespielt wurde,[79] erreichten vor der Ernennung Hitlers zum Reichskanzler einen Höhepunkt. Das dann am 30. Januar 1933 besiegelte und am 21. März, dem Tag von Potsdam, auch förmlich abgesegnete Bündnis zwischen Faschismus und Konservativismus ist durch diese antikommunistische Propaganda wesentlich vorbereitet und erleichtert worden. Die von Hitler am 3. Februar 1933 in einer Besprechung mit den Befehlshabern des Heeres und der Marine angekündigte »Ausrottung des Marxismus mit Stumpf und Stiel«[80] wurde von seinen bürgerlichen Bündnispartnern begeistert begrüßt.[81]

Etwas zurückhaltender bewertet, aber auch nicht offen kritisiert wurde die jetzt einsetzende Diskriminierung und Verfolgung der deutschen Juden. Auch als Hitler am 30. Januar 1939 die »Vernichtung der jüdischen Rasse« ankündigte, falls es dem »internationalen Finanzjudentum in- und außerhalb Europas« gelingen sollte, die Völker noch einmal in einen auf die »Bolschewisierung der Erde« abzielenden »Weltkrieg« zu stürzen,[82] gab es keinen Protest.[83]

Umso erstaunter reagierten viele, auch viele Nationalsozialisten, als Hitler 1939 ausgerechnet mit dem »jüdisch bolschewistischen Erzfeind«, gegen den er einen »Antikominternpakt« geschmiedet hatte, einen Nichtangriffspakt abschloss, in dessen Zusatzprotokoll die Teilung von ganz Ostmitteleuropa vereinbart worden war. Doch mit diesem höchst merkwürdigen und Faschisten wie Kommunisten gleichermaßen irritierenden ›Flirt‹ mit dem »jüdisch bolschewistischen Weltfeind« war es 1941 vorbei.

Der, so Hitler, »Vernichtungskampf« gegen die Sowjetunion wurde zweihundert ausgewählten deutschen Offizieren schon am 30. März 1941 angekündigt.[84] Dabei sei die »Vernichtung der bolschewistischen Kommissare und der kommunistischen Intelligenz« anzustreben. Diese »Leute« seien »Verbrecher« und müssten »als solche behandelt werden«[85] – während des Kampfes und auch noch danach in der Gefangenschaft. Generell sei »der Kommunist vorher kein Kamerad und nachher kein Kamerad«.

Das Oberkommando der Wehrmacht folgte Hitlers Anweisung und erließ am 6. Juni 1941 »Richtlinien für die Behandlung politischer Kommissare«, in denen die Ermordung der politischen Offiziere der sowjetischen Armee nicht nur gebilligt, sondern geradezu befohlen wurde.[86] Das wurde folgendermaßen begründet: »Im Kampf gegen den Bolschewismus ist mit einem Verhalten des Feindes nach den Grundsätzen der Menschlichkeit oder des Völkerrechts nicht zu rechnen. Insbesondere ist von den politischen Kommissaren aller Art als den eigentlichen Trägern des Widerstandes eine haßerfüllte, grausame und unmenschliche Behandlung unserer Gefangenen zu erwarten.«

Ähnliche, ja noch schlimmere verbrecherische Befehle haben einzelne Generäle erlassen. So der Oberbefehlshaber der Panzergruppe 4, Generaloberst Hoepner, der am 20. Juli 1941 erklärte: »Der Krieg gegen Rußland ist ein wesentlicher Abschnitt im Daseinskampf des deutschen Volkes. Es ist der alte Kampf der Germanen gegen das Slawentum, die Verteidigung europäischer Kultur gegen moskowitisch-asiatische Überschwemmung, die Abwehr des jüdischen Bolschewismus. Dieser Kampf muß die Zertrümmerung des heutigen Rußlands zum Ziel haben und deshalb mit unerhörter Härte geführt werden. Jede Kampfhandlung muß in Anlage und Durchführung von dem eisernen Willen zur erbarmungslosen, völligen Vernichtung des Feindes geleitet sein. Insbesondere gibt es keine Schonung für die Träger des heutigen russisch-bolschewistischen Systems.«[87]

Am 10. Oktober 1941 ermahnte der Kommandeur der 6. Armee (die dann in Stalingrad unterging, nachdem sie eine blutige Spur durch Südrussland gezogen hatte), General von Reichenau, seine Soldaten: »Hinsichtlich des Verhaltens der Truppe gegenüber dem bolschewistischen System bestehen vielfach noch unklare Vorstellungen. Das wesentliche Ziel des Feldzugs gegen das jüdischbolschewistische System ist die völlige Zerschlagung der Machtmittel und die Ausrottung des asiatischen Einflusses im europäischen Kulturkreis. (...) Der Soldat ist im Ostraum nicht nur ein Kämpfer nach den Regeln der Kriegskunst, sondern auch Träger einer unerbittlichen völkischen Idee und der Rächer für alle Bestialitäten, die deutschen und artverwandten Völkern zugefügt wurden. Deshalb muß der Soldat für die Notwendigkeit der harten, aber gerechten Sühne am jüdischen Untermenschentum volles Verständnis haben. Sie hat den weiteren Zweck, Erhebungen im Rücken der Wehrmacht, die erfahrungsgemäß stets von Juden angezettelt wurden, im Keime zu ersticken.«[88]

Der Kommandeur der 11. Armee, General von Manstein, der nach 1945 den – so der Titel seiner Memoiren – »verlorenen Siegen« nachtrauern sollte, erklärte am 20. November 1941: »Seit dem 22.6. steht das deutsche Volk in einem Kampf auf Leben und Tod gegen das bolschewistische System. Dieser Kampf wird nicht in hergebrachter Form gegen die sowjetische Wehrmacht allein nach europäischen Kriegsregeln geführt. (...) Das Judentum bildet den Mittelsmann zwischen dem Feind im Rücken und den noch kämpfenden Resten der Roten Armee und der Roten Führung. (...) Das jüdisch-bolschewistische System muß ein für allemal ausgerottet werden. Nie wieder darf es in unseren europäischen Lebensraum eingreifen. Der deutsche Soldat hat daher nicht allein die Aufgabe, die militärischen Machtmittel dieses Systems zu zerschlagen. Er tritt auch als Träger einer völkischen Idee und Rächer für alle Grausamkeiten, die ihm und dem deutschen Volk zugefügt wurden, auf. Für die Notwendigkeit der harten Sühne am Judentum, dem geistigen Träger des bolschewistischen Terrors, muß der Soldat Verständnis aufbringen.«[89]

Diese Zitate zeigen und beweisen, dass zwischen Hitler und seinen Offizieren (sowie übrigens auch den Kirchen[90]) eine bemerkenswerte ideologische Übereinstimmung bestand. Alle waren überzeugt davon, dass das »jüdisch-bolschewistische System« mit allen – auch völkerrechtswidrigen – Mitteln »zerschlagen« werden musste. Die Vernichtungswut der Offiziere basierte keineswegs nur auf ihrer bis zum Kadavergehorsam reichenden Bereitschaft, ihrem »Führer« zu folgen. Die im Feindbild vom »jüdischen Bolschewismus« vereinten Ideologien des Antisemitismus, Antikommunismus und Antislavismus[91] wurden zu einem Programm, das Hitler und die Wehrmacht einte und das beide auch gemeinsam verwirklichen wollten.

Auf die konkrete Umsetzung dieses ideologischen Programms im, wie Michael Burleigh richtig erkannt hat, »biologistisch begründeten Feldzug gegen Bolschewisten, Juden, Zigeuner und andere slawische Untermenschen«[92] kann hier nicht näher eingegangen werden.[93] Die Folgen sind bekannt: Neben sechs Millionen Juden und einer (geschätzten) halben Million Sinti und Roma[94], von denen wiederum die meisten im »Osten« ermordet wurden, hat die Wehrmacht von den insgesamt fast sechs Millionen sowjetischen Kriegsgefangenen über die Hälfte, genau 3,3 Millionen, entweder sofort erschossen oder willentlich an Hunger und Seuchen sterben lassen.[95] Die sowjetischen Kriegsgefangenen waren eben »keine Kameraden«.[96] Insgesamt sind dem »ideologischen Vernichtungskrieg« gegen die »jüdisch-bolschewistische« Sowjetunion über 30 Millionen Sowjetbürger zum Opfer gefallen. Zu dieser Schuld hätte man sich bekennen und anklagen müssen.[97] Doch das Gegenteil geschah. Die Deutschen klagten nicht sich, sondern den alten und neuen Feind im »Osten« an.

1.3 »Alle Wege des Marxismus«

»Alle Wege des Marxismus führen nach Moskau!« – hieß es auf einem Wahlplakat der CDU aus dem Jahr 1953.[98] Angesprochen und angegriffen zugleich war keineswegs nur die schon damals fast bedeutungslose KPD, sondern auch die SPD, die ähnlich wie im Sprachgebrauch der Nationalsozialisten als Teil oder zumindest Werkzeug eines bedrohlichen Marxismus verstanden wurde, der in Moskau beheimatet sein sollte. Was für ein Unsinn!

Moskau war jedoch nicht nur die Hauptstadt der Sowjetunion, sondern auch Russlands – eines Landes, das in der rechten und auch linken Publizistik Deutschlands schon immer als »asiatisch« gegolten hat. Der auf dem Wahlplakat abgebildete sowjetische Soldat hat nicht zufällig asiatische Gesichtszüge. Er weist allerdings auch keine – was immer das sein soll – »jüdischen« Merkmale auf. Der bisher mit dem Antikommunismus immer verbundene Antisemitismus fehlte. Doch sonst besaß das christlich-demokratische Poster eine fatale Ähnlichkeit mit den faschistischen.

Das war weder Zufall noch Einzelfall. Die antikommunistische Propaganda der frühen Bundesrepublik glich der nationalsozialistischen um ein Haar – und ist zum Teil auch von den gleichen Personen durchgeführt worden, die ihr antikommunistisches Handwerk bei Joseph Goebbels und anderen nationalsozialistischen Propagandisten gelernt hatten.[99] Das ist – leider – wahr und keine unzulässige Polemik.

Es hat auch wenig Sinn, die antikommunistische Propaganda der Bundesrepublik mit dem Hinweis auf die kommunistische der DDR zu rechtfertigen. Er herrschte zwar Krieg – genauer gesagt: Kalter Krieg. Doch auch in diesem war wie in jedem anderen Krieg nicht alles erlaubt. Die vorgeblich gute, weil demokratische Seite konnte und durfte die Demokratie nicht mit Anleihen an die faschistische Propaganda und mit gesetzwidrigen Methoden verteidigen.

Genau das haben jedoch Organisationen wie das Ostbüro der SPD, der Untersuchungsausschuss Freiheitlicher Juristen, der Volksbund für Frieden und Freiheit und die geradezu berüchtigte Kampfgruppe gegen Unmenschlichkeit getan.[100] Ihren antikommunistischen Worten sind zudem einige terroristische Taten gefolgt. Dazu gehörten Sabotageakte, Anschläge auf Züge und Brandstiftungen in Kaufhäusern.[101] Derartiges war verbrecherisch und kann auch nicht durch den Hinweis darauf gerechtfertigt werden, dass die kommunistische Gegenseite ähnliche und noch schlimmere Taten begangen hat. All das muss aufgearbeitet werden. Doch dies ist bisher nur in Ansätzen geschehen. Stattdessen werden fast ausschließlich die Verbrechen des Ostens verurteilt, während die des Westens nicht nur verschwiegen, sondern geradezu verherrlicht werden. Letzteres sogar durch die Errichtung von Denkmälern.

Eines befindet sich auf dem Campus der Freien Universität in Berlin.[102] Es erinnert an einige studentische Mitglieder der Kampfgruppe gegen Unmenschlichkeit, die von sowjetischen Militärtribunalen zum Tode verurteilt und hingerichtet worden sind. Das war zweifellos Unrecht. Doch dieses Unrecht ist kein Grund, die unrechtmäßigen Handlungen der gesamten Kampfgruppe gegen Unmenschlichkeit zu rechtfertigen. Den Brandstiftern von Kaufhäusern sollte man nun wirklich keine Denkmäler setzen. Vor allem nicht auf dem Campus einer Universität, die stolz darauf ist, eine »Freie Universität« zu sein.

Doch bevor man antikommunistische Denkmäler stürzt, sollte man erst einmal die Ideologie des Antikommunismus beseitigen. Dies ist allerdings nicht so einfach. Der Antikommunismus war nämlich so etwas wie die Staatsideologie der (alten) Bundesrepublik.[103] Sie ist bereits im Grundgesetz zu finden.

Schon im Parlamentarischen Rat haben einige unserer Verfassungsväter dazu aufgerufen, eine »demokratische Verfassung zu schaffen, in der vor allem der Gedanke der persönlichen Freiheit gegen totalitäre Staatsbestrebungen gesichert werden« müsse.[104] Diese Auffassung wurde auch von dem einflussreichen Staatsrechtler und späteren Verfassungsrichter Gerhard Leibholz geteilt, der den »Totalitarismus« nationalsozialistischer und kommunistischer Provenienz als »negatives Gegenbild« zur »freiheitlichen demokratischen Grundordnung« bezeichnet hat.[105] Mit dieser These hat Leibholz alle führenden Staatsrechtler der Bundesrepublik beeinflusst. Sie wurde zum Dogma, das sich in allen Kommentaren zum Grundgesetz wiederfindet. So auch in dem von Maunz, Dürig, Herzog und Scholz verfassten, in dem man lesen kann, dass die im Artikel 18 erwähnte »freiheitliche demokratische Grundordnung« als Gegenposition zum Totalitarismus zu verstehen sei. Dies verpflichte den Staat dazu, alle auf den Totalitarismus »abzielende Bestrebungen von vornherein zu verhindern«.[106]

Damit war keineswegs nur der vergangene Nationalsozialismus, sondern auch, ja weit mehr, der höchst lebendige Kommunismus gemeint. Mit bemerkenswerter Offenheit haben die Grundgesetz-Kommentatoren dies an anderer Stelle folgendermaßen formuliert: »Blickt man auf die erlebte Vergangenheit und die erlebte Gegenwart jenseits ›der Mauer‹ und ›des Todesstreifens‹, so wird eigentlich unmittelbar einsichtig, was alles (aber auch nur) zum Begriff der ›freiheitlichen demokratischen Grundordnung‹ i. S. des Grundgesetzes gehört.«[107]

Dies war deutlich genug. Tatsächlich ist die Ideologie des (vornehmlich gegen die DDR gerichteten) Antikommunismus und keineswegs nur die Faschismus und Kommunismus weitgehend identifizierende Totalitarismustheorie[108] als die eigentliche »Weltanschauung des Grundgesetzes« anzusehen.[109] Die immer wieder beschworene Totalitarismustheorie diente nur als Camouflage des scheinbar erneuerten und angeblich demokratisierten Antikommunismus. Das Grundgesetz ist, wie Ernst Nolte zu Recht erkannte, »vor allem antikommunistisch« und »schließt den Sozialismus im Sinne des östlichen Parteistaatskapitalismus vollständig und bedingungslos aus«.[110] Ähnlich urteilte Gesine Schwan, wenn sie in ihrem Buch über *Antikommunismus und Antiamerikanismus in Deutschland* schrieb: »So entstand der deutsche Antikommunismus als prinzipielle

Überzeugung von der politischen Legitimität der bundesrepublikanischen politischen Verfassung genetisch aus den Erfahrungen mit dem Stalinismus; inhaltlich bekannte er sich wesentlich zur Freiheit, zur westlich-liberalen Demokratie, bedeutete also die Absage an die totalitäre Zwangsherrschaft der kommunistischen Einparteiendiktatur (…)«[111]

War dies »positiv« und hat es die »Zustimmung zur Demokratie« gefestigt?[112] Hier sind einige Zweifel angebracht. Das soll im Folgenden etwas näher und anhand einiger konkreter Beispiele begründet werden. Wir beginnen mit dem KPD-Verbot von 1956.[113]

Am 22. November 1952 hatte die Bundesregierung beim Bundesverfassungsgericht unter Hinweis auf Art. 21 Abs. 2 GG den Antrag auf Feststellung der Verfassungswidrigkeit der KPD eingereicht.[114] Begründet wurde dies mit der Behauptung, die KPD würde wegen und aufgrund ihrer marxistisch-leninistischen Ideologie die Existenz der Bundesrepublik gefährden. Hinzu kam jedoch die rein politisch geprägte Befürchtung, dass die KPD die Wiedervereinigung Deutschlands und die »Einführung eines ganz Deutschland umfassenden, der sowjetischen Besatzungszone entsprechenden Herrschaftssystems vorbereiten« wolle.[115]

Das Bundesverfassungsgericht folgte am 17. August 1956 dem Antrag der Bundesregierung in allen Punkten, erklärte die KPD für verfassungswidrig, verfügte ihre Auflösung und ordnete die Einziehung ihres Vermögens an. Begründet wurde diese Entscheidung in vier Abschnitten.

Im ersten konstatierten die Verfassungsrichter, dass die KPD grundsätzlich »die Errichtung einer sozialistisch-kommunistischen Revolution und die Diktatur des Proletariats« anstrebe.[116] Ob die KPD dies damals tatsächlich immer noch wollte, ist zumindest fraglich. Im zweiten Abschnitt der Urteilsbegründung wurde den Mitgliedern und Anhängern der KPD eine »Untergrabung der inneren natürlichen Autorität und damit der Legitimation der freiheitlichen demokratischen Grundordnung« unterstellt.[117] Wie die schon damals nahezu bedeutungslose KPD dies anstellen sollte, sagten die Richter vorsichtshalber nicht. Stattdessen wiesen sie darauf hin, dass die KPD immer die Sowjetunion preise, wo »die Diktatur des Proletariats bereits verwirklicht« sei.[118] Eine sehr spitzfindige, aber logisch kaum haltbare Begründung.

Doch damit nicht genug. Im dritten Absatz der Urteilsbegründung wurde der KPD vorgeworfen, mit ihrer Parteinahme für die Politik der UdSSR in einem »grundsätzlichen Gegensatz zur Politik der drei Westmächte und der Bundesrepublik« zu stehen.[119] Letzteres gelte vor allem für die Vorstellungen der KPD von einer »Wiederherstellung der Einheit Deutschlands«[120] bzw. für ihr Eintreten für eine »ganz bestimmte Gestaltung der Wiedervereinigung«.[121] Ein von dem der Bundesregierung abweichender Kurs in der Deutschlandpolitik wurde also als Indiz für die Verfassungsfeindlichkeit der KPD genommen. Im vierten und letzten Abschnitt der Urteilsbegründung kam es noch schlimmer. Dort wurde der KPD eine »Verächtlichmachung der Verfassungsordnung der Bundesrepublik«[122] unterstellt und vorgeworfen, der »freiheitlichen demokratischen Ordnung« nicht mit der nötigen »Achtung« begegnet zu sein.

Mit Recht und Rechtsstaatlichkeit hatte dies alles kaum noch etwas zu tun.[123] Es handelte sich schlicht und einfach um Politik im Geiste eines schon fast blindwütigen Antikommunismus. Dass diese Ideologisierung und Politisierung der Rechtsprechung des Bundesverfassungsgerichts von dem schon erwähnten Verfassungsrichter Leibholz ausdrücklich gebilligt wurde, ist erschreckend. Leibholz erklärte: »Der Verfassungsrichter hat im Gegensatz zum ordentlichen Richter es mit einer Art von Recht zu tun, das nicht entpolitisiert werden kann. Die Problematik der Verfassungsgerichtsbarkeit hängt mit dieser besonderen Eigenart des Verfassungsrechts zusammen; es handelt sich um Recht, das sich seiner politischen Provenienz nicht zu entziehen vermag.«[124]

Noch problematischer sind die Folgen des KPD-Verbotsurteils. Scheute man sich doch nicht, Personen, die auch nur verdächtigt wurden, an ihrer kommunistischen Überzeugung festzuhalten, zu teilweise langjährigen Gefängnisstrafen zu verurteilen. Darunter befanden sich auch einige antifaschistische Widerstandskämpfer, die bereits in faschistischen Konzentrationslagern und Zuchthäusern gesessen hatten. Damit wurde die westdeutsche Justiz zu einer primär antikommunistischen »politischen Justiz«.[125] War dies notwendig? Und was waren die Folgen?

Der Antikommunismus hat zwar nach den Worten von Christoph Kleßmann die »Verankerung [der Bundesrepublik, Anm. d. Verf.] im westlichen Bündnis« und »das System der parlamentarischen Demokratie« befestigt, »beeinflusste« aber darüber hinaus »das gesamte innenpolitische Klima, in dem Forderungen von links nach Veränderungen der Eigentumsverhältnisse und der Wirtschaftsordnung tendenziell als kommunistisch diskreditiert« wurden.[126] Der Antikommunismus wurde so zu einem »sozialen Disziplinierungsmittel«,[127] was die »immer wieder beschworene ›freiheitlich-demokratische Grundordnung‹ zu denunzieren drohte«.[128]

Der Antikommunismus prägte darüber hinaus auch die Bildungspolitik der Bundesrepublik in einem Maße, das sowohl unter rechtlichen als auch pädagogischen Gesichtspunkten als fragwürdig anzusehen ist. Dies gilt vor allem für die 1962 von den Kultusministern der Länder erlassenen »Richtlinien für die Behandlung des Totalitarismus im Unterricht«. Standen sie doch in einem Widerspruch zu der im Grundgesetz garantierten Freiheit von Forschung und Lehre, weil die Lehrer durch sie verpflichtet wurden, sich im Unterricht an der schon damals umstrittenen Totalitarismustheorie zu orientieren, indem sie ihren Schülern die »verwerfliche Zielsetzung« und die »verbrecherischen Methoden« des »kommunistischen und des nationalsozialistischen Totalitarismus« verdeutlichen sollten.[129] Dass es auch hier wieder vornehmlich um die Bekämpfung des Kommunismus gehen sollte, wurde im folgenden Satz klar und unmissverständlich ausgedrückt: »Die Tatsache, daß die beiden Systeme einander bekämpft haben, darf nicht über ihre enge Verwandtschaft hinwegtäuschen.«[130]

Noch einseitiger und ideologischer waren die 1956 von den Kultusministern der Länder erlassenen »Empfehlungen zur Ostkunde«. Durch sie wurde Folgendes angeordnet: »Das gesamte Erziehungs- und Bildungssystem der Deutschen muß den Aufgaben gerecht werden, vor die unser Volk durch den Einbruch des Sowjetsystems in Mitteleuropa und durch die Spaltung Deutschlands in einen westlichen und einen östlichen, unter den Einfluß des Sowjetsystems geratenen Teil gestellt worden sind.«[131]

Zu diesem Antikommunismus kam ein ebenso vehementer Antislavismus. Es wurde beklagt, dass der »deutsche Osten«, der erst durch die »deutsche Ostkolonisation« kultiviert und mit den Segnungen der »deutschen Kultur« beglückt worden sei, an Polen und andere »kulturlose« Völker gefallen sei. Dies dürfe nicht sein. Ziel sei die Wiedergewinnung des »deutschen« und des gesamten »europäischen Ostens«, was von der »Ostforschung« an den Hochschulen und der »Ostkunde« an den sonstigen Schulen propagiert werden müsse.[132]

Musste das wirklich so sein? War es notwendig und gerechtfertigt, dass die alten »Ostforscher«, von denen sich nicht wenige an den Vorbereitungen des verbrecherischen »Generalplans Ost« beteiligt hatten, ihre ostimperialistischen ›Forschungen‹ unbehelligt fortsetzen konnten? Und dies in einigen alten und vielen neuen Institutionen der »Ostforschung«, die vom Bund und den Ländern reichlich alimentiert wurden. Nein! »Ostforschung« und »Ostkunde« hatten keinen, wie auch immer gearteten, wissenschaftlichen Zweck und demokratischen Auftrag. Sie legitimierten und verbreiteten die Ideologien des Antikommunismus, Antislavismus und (Ost-)Imperialismus. Mit Demokratie, Frieden und Freiheit hatte all das wenig zu tun.

Doch Ende der 60er Jahre kam es zu einem Wandel – zunächst im außenpolitischen Bereich. Bestand und Grenzen der kommunistischen bzw., wie sie sich selbst nannten, »realsozialistischen« Staaten wurden anerkannt. Der im Zeichen der »neuen Ostpolitik« vollzogene außenpolitische Kurswechsel wirkte sich auch auf die Innenpolitik aus. Die KPD wurde wieder zugelassen. Allerdings erst, nachdem sie sich in DKP umbenannt hatte, und ohne Aufhebung des skandalösen KPD-Verbots von 1956, das rechtlich und faktisch sogar bestehen blieb. Dies bekamen diejenigen zu spüren, die sich für die nun völlig legale DKP und einige andere als kommunistisch angesehene Organisationen engagierten oder ihnen gar beitraten. Über sie wurde mit dem sogenannten Radikalenerlass des Bundes und der Länder ein Berufsverbot verhängt, das sie aus dem gesamten öffentlichen Dienst ausschloss.

Ebenfalls nicht aufgehoben wurden die erwähnten »Ostkunde«- und »Totalitarismus«-Empfehlungen. Sie wurden aber in Lehre und Forschung immer weniger beachtet – nicht zuletzt deshalb, weil sie falsch waren und der historischen Wirklichkeit nicht gerecht wurden. Die Deutschen hatten eben nicht, wie die »Ostkunde« lehrte, immer nur die »deutsche Kultur« in den notorisch »kulturlosen Osten« gebracht, sondern in diesem »Osten« vor allem unsägliche Verbrechen begangen.

Die faschistischen Verbrechen waren zudem nicht mit den kommunistischen zu vergleichen und aufzurechnen, wie dies mit Hilfe der – Faschismus und Kommunismus vergleichenden und gleichsetzenden – Totalitarismustheorien praktiziert worden war. Diese politische Funktion der Totalitarismustheorien wurde erkannt und kritisiert.[133] Sie selbst wurden durch Faschismustheorien verdrängt.[134] An die Stelle des verordneten Antikommunismus trat ein nicht verordneter, ja von staatlicher Seite misstrauisch beäugter und teilweise sogar bekämpfter Antifaschismus.

Protagonisten waren die – später so genannten – 68er.[135] Sie interessierten sich mehr für den Faschismus in Vergangenheit und Gegenwart als für den Kommunismus »hinter Mauer und Stacheldraht« und ließen sich von ihren Bestrebungen, den vergangenen Faschismus aufzuarbeiten und den gegenwärtigen zu bewältigen, nicht von dem sicherlich wohlmeinenden Rat abschrecken, »nach drüben«, d. h. in die DDR, zu gehen. Einige beantworteten den verordneten Antikommunismus mit einem trotzigen Anti-Antikommunismus, und nicht wenige wurden zu Kommunisten oder gar zu Maoisten.

Nun sollte man die ideologischen Wandlungen nach und durch die 68er-Bewegung nicht überschätzen, doch eins ist sicher: Die Bundesrepublik war nach 1968 längst nicht mehr so antikommunistisch, wie sie es davor gewesen war und wie sie es aufgrund ihrer antikommunistischen Staatsideologie hätte sein sollen. Vorbei und vergangen war der Antikommunismus aber zweifellos nicht.[136] Er war nicht tot, er schien nur zu schlafen. Aus diesem Schlaf wurde er ausgerechnet nach dem Untergang des Kommunismus in Europa wieder geweckt. Gegen das »Gespenst des Kommunismus« wurde abermals eine »heilige Hetzjagd« veranstaltet. Alles begann mit einer geschichtspolitischen Kontroverse, die als »Historikerstreit« bekannt geworden ist.

1.4 »Asiatische Tat«

»Vollbrachten die Nationalsozialisten, vollbrachte Hitler eine ›asiatische‹ Tat vielleicht nur deshalb, weil sie sich und ihresgleichen als potentielle oder wirkliche Opfer einer ›asiatischen‹ Tat betrachteten? War der Archipel Gulag ursprünglicher als Auschwitz?«[137]

Die Fragen waren rein rhetorisch. Für Ernst Nolte war es erwiesen, dass sich Hitler von Stalin so bedroht gefühlt hat, dass er auf dessen Verbrechen ebenfalls mit Verbrechen reagierte. Dazu zählte Nolte auch den Holocaust. Die Juden seien nämlich keineswegs immer nur Opfer, sondern auch Täter bzw. »eine der aktivsten und welthistorisch wichtigsten Gruppen der Menschheit« gewesen.[138] Sogar für ihre Vernichtung während des Zweiten Weltkrieges trügen sie eine gewisse Mitschuld. Zum einen weil sie Deutschland den Krieg erklärt hätten[139] und während des Krieges so etwas wie eine »kriegführende« und Deutschland gegenüber »feindselige Gruppe« gewesen seien.[140] Zum anderen weil »die Juden« eine »innere Affinität« zum Bolschewismus aufgewiesen hätten,[141] weshalb die These, wonach

»die Juden die Urheber des Bolschewismus« gewesen seien, keineswegs völlig grundlos sei.[142] Hätten doch »die Juden« nach der Oktoberrevolution die »führende Schicht aus Russen und Baltendeutschen hingemordet und sich an ihre Stelle gesetzt«. Daher sei das Hitlersche »Postulat einer Vernichtung der Juden als Strafe und Präventivmaßnahme« nicht unberechtigt gewesen.[143]

Diese Thesen Noltes lösten den Historikerstreit aus.[144] In seinem Zentrum stand der von Nolte behauptete »Nexus« zwischen »Gulag« und »Auschwitz«. Dies wurde von fast allen zurückgewiesen, weil man darin eine Relativierung der deutschen Schuld am singulären Holocaust sehen wollte. Weit weniger kritisiert wurde dagegen Noltes Wiederbelebung des Stereotyps vom »asiatischen« und »jüdischen Bolschewismus«. Und kaum auf Widerspruch stieß seine grundsätzliche Rechtfertigung des Antikommunismus.

Dieses Schweigen war verdächtig. Deutete sich hier bereits eine Renaissance des Antikommunismus an? Aus der rückschauenden Perspektive scheint es so zu sein. Auf jeden Fall hat der Untergang der kommunistischen Regime in Osteuropa nicht zu einem Verschwinden des Antikommunismus geführt. Diesen Antikommunismus nach dem und ohne den Kommunismus findet man unter verschiedenen Bezeichnungen und in ebenso unterschiedlichen Diskursen.

Zunächst und vor allem innerhalb der neuen DDR-Forschung, in welcher die bisherige überraschend positive Bewertung der DDR korrigiert wurde.[145] Dies war ebenso berechtigt wie notwendig. Denn man hatte die DDR vor ihrem Untergang nicht nur politisch anerkannt, sondern ihr Eigenschaften und Werte zugeschrieben, die sie zweifellos nicht besaß.[146] Die DDR habe sich, so ist in der alten DDR-Forschung argumentiert worden, von einem ursprünglich »totalitären« zu einem ›nur‹ noch »autoritären« Regime gewandelt, das sich immer weiter liberalisieren und letztlich der Bundesrepublik angleichen würde. Einige hielten die DDR zumindest in einigen Bereichen der Gesellschafts- und Frauenpolitik sogar schon für besser als die Bundesrepublik. Fehlen würden ihr nur noch die Reisebüros. Dies war natürlich ein Witz. Die in diesem Zusammenhang von außen und gewissermaßen am grünen Tisch entwickelten Modernisierungs- und Konvergenztheorien waren aber gar nicht witzig, sondern in einer schon fast sträflich zu nennenden Weise falsch. Und noch falscher war die Einschätzung der Wirtschaftskraft der DDR, die von nahezu allen führenden westlichen Ökonomen als zehntgrößte Industrienation der Welt bezeichnet wurde.

Nach dem wohl für alle völlig überraschend gekommenen Zusammenbruch der DDR schlug das Pendel in die entgegengesetzte Richtung um. Jetzt sollte die DDR-Wirtschaft gar nichts wert gewesen sein. Jetzt wurde das wenige Jahre zuvor als nur noch autoritär und fast schon als liberal angesehene politische System der DDR wieder als totalitär bezeichnet und mit dem Dritten Reich verglichen, was vorher kaum jemand, auch Nolte nicht, getan hatte.[147] Jetzt galt das zuvor geradezu verniedlichte Terrorsystem der DDR als noch effektiver als das nationalsozialistische. Die Stasi sei noch schlimmer als die Gestapo gewesen. Zuchthäuser wie das in Bautzen wurden in einem Atemzug mit Auschwitz genannt.

Nichts gegen die Methode des Vergleichs an sich. Doch hier wurden Äpfel mit Birnen verglichen: die kleine DDR zwischen Elbe und Oder mit dem »Großdeutschen Reich«, dessen Herrschaftsbereich vom Nordkap bis Nordafrika und vom Atlantik bis zum Kaukasus reichte; die vierzigjährige Geschichte der DDR mit den zwölf Jahren des NS-Staates, der in dieser Zeit einen Rassen- und Vernichtungskrieg geführt hat, dem Millionen von Menschen zum Opfer gefallen sind.

Die Hitler-gleich-Honecker- und Auschwitz-gleich-Bautzen-Vergleiche wurden zudem in geschichtspolitischer Absicht gezogen. Wollte man doch so »aus dem Schatten von Auschwitz« und der nationalsozialistischen »Vergangenheit« generell heraustreten.[148] Denn wenn die »realsozialistische« Diktatur wirklich so schlimm wie die faschistische gewesen ist, dann konnte das Dritte Reich in der Tat nicht so schlimm gewesen sein. Die Vergleiche zwischen der DDR und dem Dritten Reich hatten also zwei Ziele: Sie sollten die Schrecken des Dritten Reiches relativieren und die DDR dämonisieren. Es ist erstaunlich, dass beides von so wenigen bemerkt und kritisiert wurde.

Schuld daran war die Renaissance eines Antikommunismus, der seine Hochzeit schon lange hinter sich hatte und seine vielleicht vorher vorhandene Daseinsberechtigung nach dem Untergang des Kommunismus in Europa vollends verloren hatte. Warum Antikommunismus, wenn es gar keinen Kommunismus mehr gab? Diese zweifellos berechtigte Frage beantworteten einige mit dem Hinweis auf eine Partei, die sich selbst zwar nicht als kommunistisch bezeichnete, der aber dennoch eine kommunistische Ausrichtung und Zielsetzung unterstellt wurde. Gemeint war die Partei des Demokratischen Sozialismus (PDS), die sich später mit einigen im Westen noch bestehenden kommunistischen, maoistischen und sozialistischen Splittergruppen zur Partei DIE LINKE vereinigte.

Repräsentanten der PDS/DIE LINKE brauchten nur etwas Positives oder zumindest wenig Negatives über die DDR zu sagen und die Wörter »Sozialismus« oder gar »Kommunismus« nur in den Mund zu nehmen, schon wurden sie der Verklärung des vergangenen und der Preisung eines zukünftigen Kommunismus verdächtigt.[149] Dabei hat sich die DDR niemals als kommunistisch bezeichnet. Zudem hat sich die PDS immer ›nur‹ für die Schaffung eines »demokratischen Sozialismus« eingesetzt, den auch die SPD angestrebt hatte, bevor sie sich von diesem – übrigens von Eduard Bernstein geprägten – Begriff in ihrem Parteiprogramm wieder verabschiedete.

Doch lassen wir diesen gegenwartspolitischen Streit über die PDS/DIE LINKE sowie den sogenannten Extremismus[150] und wenden wir uns wieder der geschichtspolitischen Auseinandersetzung mit dem vergangenen Kommunismus zu. Sie erreichte mit der Veröffentlichung des *Schwarzbuchs des Kommunismus* einen neuen und ungeahnten Höhepunkt.[151]

Dieses ursprünglich in Frankreich erschienene und überwiegend von französischen Autoren – von denen nicht wenige früher selbst Kommunisten und Maoisten waren – verfasste antikommunistische Machwerk hat gerade in Deutschland und vor allem bei einigen deutschen Ex-Kommunisten und Ex-Maoisten ein überaus positives Echo hervorgerufen. Grund war nicht die Aufdeckung der »Verbrechen des Kommunismus«, denn die waren – anders als in Frankreich[152] – in Deutschland sehr wohl bekannt. Grund dafür war der im wörtlichen Sinne aufrechnende Vergleich der faschistischen mit den kommunistischen Verbrechen. Dem kommunistischen »Klassen-Genozid« seien nämlich, wie der Herausgeber des *Schwarzbuchs*, Stéphane Courtois, ausgerechnet haben will, viermal mehr Menschen zum Opfer gefallen als dem faschistischen »Rassen-Genozid«. In Zahlen: 100 Millionen zu 25 Millionen.

Dass verschiedene deutsche Linke, oder besser Ex-Linke, die in diesem Buch entfaltete antisemitische Verschwörungsideologie nicht erkannt und kritisiert haben, ist erstaunlich.[153] Stattdessen haben sie Courtois und seine Mitstreiter ob ihres Antikommunismus gelobt. Verbunden war das mit der Aufforderung an die deutschen Genossen von einst, sich endlich von ihren »linken Lebenslügen«[154] zu trennen und zum Antikommunismus zu bekennen. Schließlich seien, so der Ex-Pfarrer Joachim Gauck, nur antikommunistische Linke »aufgeklärte Linke«.[155]

Zu diesen aufgeklärten, weil antikommunistischen Linken wollte Ulrike Ackermann gehören. Sie distanzierte sich in einem *Sündenfall der Intellektuellen* betitelten Buch vom »Anti-Antikommunismus« der Linken, um gleichzeitig den »Kapitalismus« in den höchsten Tönen zu loben. Schließlich feierte sie sogar Ernst Nolte, weil dieser den »negativen Mythos vom absolut Bösen«, womit der Holocaust gemeint war, gebrochen und die »Ausblendung bzw. Verharmlosung der Verbrechen, die im Namen des Kommunismus begangen wurden«, kritisiert habe.[156]

Nicht ganz so weit wie Ackermann ging Wolfgang Kraushaar in seinen 2001 publizierten *Denkanstößen für eine antitotalitäre Linke*.[157] Er verteidigte die Totalitarismustheorie gegen alle ihre Kritiker (vor allem gegen d. Verf.) und forderte dazu auf, mit derartigen »linksintellektuellen Verweigerungen« Schluss zu machen und die »Abwehrhaltung« gegenüber der Totalitarismustheorie aufzugeben.[158] Er tat dies, obwohl ihm die wissenschaftliche Fragwürdigkeit und die antikommunistische Tendenz der Totalitarismusdoktrin nicht entgangen sind. Die Anerkennung der Totalitarismustheorie stelle den »Lackmus-Test« einer wirklichen demokratischen Linken dar.

Mich hat dieser von Kraushaar und anderen geforderte Kotau vor einem vermeintlich »demokratischen Antikommunismus« und »Antitotalitarismus« an den »Geßlerhut« erinnert, vor dem sich Schillers Wilhelm Tell verbeugen sollte, weshalb ich diesen Ex-Linken einen »nekrophilen Antikommunismus« vorgeworfen habe. Das war, wie ich heute einräume, falsch und zu kurz gegriffen. Es ging und es geht nicht um ein psychisches Problem – die krankhafte Liebe zu einem toten Phänomen. Es ging und es muss um eine kritische Aufarbeitung der Geschichte des Kommunismus gehen, ohne dabei ein altes neues antikommunistisches Feindbild zu verordnen.[159]

Dies ist in dem Buch Gerd Koenens (auch bei ihm handelt es sich um einen Ex-Linken) über die *Utopie der Säuberung* der Fall.[160] Wie Stéphane Courtois führt Koenen die Verbrechen des Kommunismus auf seine Ideologie zurück, die er im Wesentlichen auf die Formel von der »Utopie der Säuberung« reduziert. Verwirklicht werde diese Utopie mit »Terror«, der kein »schierer Exzeß«, sondern »logische Konsequenz« der Ideologie bzw. »Utopie« sei.[161] Das treffe sowohl auf den Kommunismus wie auch auf den Faschismus bzw. Nationalsozialismus zu: »Im wahnhaften, utopischen Ziel einer Säuberung und Homogenisierung der Gesellschaft nach politischen, sozialen oder rassistischen Kriterien besteht die Singularität des Stalinismus wie des Nationalsozialismus.«[162]

Doch anders als der Kommunismus, der in der Sowjetunion auf eine »Vernichtung des Bürgertums als Klasse« abgezielt habe,[163] habe der Nationalsozialismus den Terror nur »selektiv« angewandt.[164] Auf jeden von den Nationalsozialisten Verhafteten seien 200 Häftlinge der Kommunisten gekommen. Das Verhältnis der Ermordeten habe »1:1000« betragen.[165] Der »Führerkult um Hitler« sei »moderner und aktueller«[166] und seine »Innenpolitik (...) viel maßvoller und effizienter« gewesen.[167] Außerdem habe es im Dritten Reich »Elemente einer sozialen Grundsicherung modernen Typs« gegeben.[168]

Von der im Historikerstreit so vehement verteidigten These von der »Einzigartigkeit der nationalsozialistischen Judenvernichtung« hielt Koenen überhaupt nichts, weil sie den »Rang eines verfassungspatriotischen Konsenses« erhalten habe.[169] Außerdem sei sie narzisstisch: »Der narzißtische Gewinn dieser scheinbar so unnachgiebigen nationalen Selbstkritik ist unübersehbar. Denn es ist ja klar, daß die eigene Läuterung um so bedeutender erscheint, je ›einzigartiger‹ die deutschen Verbrechen waren.«[170]

Über Letzteres kann man streiten; scharf abzulehnen ist jedoch, dass Koenen das Stereotyp vom »jüdischen Bolschewismus« mit dem Hinweis auf den »jüdischen Anteil an der Oktoberrevolution«[171] und am »modernen Sozialismus« generell revitalisiert: »Diesen jüdischen Anteil am modernen Sozialismus, der nicht nur theoretischer, sondern auch höchst praktischer Art war – von Marx über Lassalle bis Rosa Luxemburg –, zu leugnen, wäre fast ebenso sinnlos, als wollte man ihn aus der Geschichte der Psychoanalyse streichen.«[172]

Eine solche Aussage ähnelt auf fatale Weise den eingangs erwähnten Ansichten Ernst Noltes. Auf eine vollständige Zustimmung sind sie bei dem Bielefelder Bibliothekar Johannes Rogalla von Bieberstein gestoßen, der 2003 ein Buch über den *»Jüdischen Bolschewismus«* veröffentlichte, zu dem Ernst Nolte ein überaus lobendes Vorwort beisteuerte.[173] In diesem Buch versucht Rogalla von Bieberstein zu beweisen, dass es sich beim »jüdischen Bolschewismus« eben nicht um eine Ideologie oder um einen »Mythos«, sondern um »Realität« gehandelt habe. Zu diesem Zweck reihte er Zitate von »jüdischen Bolschewisten« sowie anderen Kommunisten und Sozialisten aneinander und schilderte ihre »schrecklichen Taten«. Als jüdisch betrachtet

Rogalla von Bieberstein auch solche Personen, die Christen oder Atheisten geworden waren. Genannt und geradezu steckbrieflich vorgestellt werden in diesem Zusammenhang auch Menschen, die mit Juden verheiratet waren. All dies soll beweisen, »daß die spektakuläre Beteiligung von Juden an der sozialistischen, vor allem aber der kommunistisch/bolschewistischen Bewegung der Jahre 1918 bis 1923 dem Antisemitismus einen enormen Auftrieb und eine neue Qualität verliehen« habe.[174]

Noch einen antikommunistisch-antisemitischen Schritt weiter ist der CDU-Abgeordnete Martin Hohmann gegangen. In einer am 2. Oktober 2003 gehaltenen Rede hatte Hohmann unter Verweis auf das Buch *Der internationale Jude*[175] des amerikanischen Autokönigs Henry Ford die Frage gestellt: »Wie kommt Ford zu seinen Thesen, die für unsere Ohren der NS-Propaganda vom ›jüdischen Bolschewismus‹ ähneln?« Hohmann gab folgende Antwort: Fords These von einer »Wesensgleichheit von Judentum und Kommunismus bzw. Bolschewismus« verfüge über einen Realitätskern. Schließlich seien »Juden (...) in großer Zahl sowohl in der Führungsebene als auch bei den Tscheka-Erschießungskommandos aktiv« gewesen. Daher, so Hohmann weiter, »könnte man Juden mit einiger Berechtigung als ›Tätervolk‹ bezeichnen«.[176]

Nachdem Hohmanns Rede – übrigens zuerst im Ausland – bekannt geworden war, kam es zu einem Entrüstungssturm. Hohmann wurde neben »bodenloser Ignoranz« und »abgefeimter Gesinnung«[177] unverhüllter Antisemitismus vorgeworfen.[178] Die CDU wurde aufgefordert, sich klar und kompromisslos von Hohmann zu distanzieren, was sie nach einigem Zögern schließlich auch tat. Hohmann wurde am 20. Juli 2004 aus der CDU ausgeschlossen. Dies geschah vor allem mit Verweis auf seine Charakterisierung des jüdischen als eines »Tätervolkes«. Dieser Begriff wurde zum Unwort des Jahres 2003 gekürt. Hohmanns Hinweis auf das Schlagwort vom »jüdischen Bolschewismus« wurde dagegen weit weniger kritisiert. Einige Kommentatoren, so der Ex-General Reinhard Uhle Wettler[179] und die Publizistin Sonja Margolina[180], hielten es sogar für berechtigt.

Diese Beispiele zeigen zweierlei: erstens, dass es auch nach dem Untergang des Kommunismus noch Antikommunismus gibt; und zweitens, dass der Antikommunismus nach wie vor mit dem Antisemitismus verbunden ist. Allerdings nicht mehr in seiner rassistischen, sondern seiner religiösen und »sekundären« Variante.

Dieser antisemitische Antikommunismus oder antikommunistische Antisemitismus scheint in der Gegenwart mit dem Antiislamismus verbunden zu werden. Das heutige »Reich des Bösen« ist nicht mehr ›nur‹ jüdisch und kommunistisch, es ist auch noch islamistisch. Dadurch wird die ganze Sache aber nicht besser, sondern schlechter. Das neue antiislamistisch-antisemitisch-antikommunistische Feindbild ist genauso gefährlich wie das alte ›nur‹ antisemitisch-antikommunistische – nicht nur bei uns in Deutschland, sondern auch in einigen unserer europäischen Nachbarländer.

2. USA

2.1 »Enemy within«

Die Amerikaner sind ein stolzes und gottesfürchtiges Volk. Stolz sind sie auf ihre von Gott gegebene Sendung – das *manifest destiny*. Und dass sie Gott fürchten und vertrauen, bringen sie schon auf der Eindollarnote zum Ausdruck, auf der *In God we trust* zu lesen ist. Zum *American creed* gehört jedoch auch die amerikanische Urangst vor einem ominösen inneren Feind – dem *enemy within*. [181]

Zu den inneren Feinden wurden schon die indianischen Ureinwohner gezählt, die sich dem Expansionsstreben der europäischen Einwanderer widersetzten, weshalb sie über die immer weiter nach Westen vorgeschobene Grenze – *frontier* – gedrängt und schließlich fast ausgerottet wurden. Dies geschah ohne jegliche moralische Skrupel. Sind die Indianer doch schon von den sendungsbewussten Puritanern mit den in der Bibel erwähnten Ammonitern und Kanaanitern verglichen worden, die von den Juden ausgerottet worden sein sollen. Da sich die Puritaner und die anderen amerikanischen Protestanten als Nachfahren, ja als Verkörperung des »auserwählten Volkes« sahen, behandelte man die amerikanischen Indianer wie die biblischen Ammoniter und Kanaaniter.

Mit den Mexikanern, denen man ebenfalls große Teile ihres Landes im Süden und Westen der expandierenden USA entriss, konnte man nicht so verfahren. Dennoch wurden auch die Mexikaner zu den »inneren Feinden« gezählt. Um dies zu begründen, wurde ein völlig peripheres historisches Ereignis maßlos aufgebauscht und geradezu mythologisiert. Gemeint ist die Eroberung des kleinen Städtchens – eigentlich handelte es sich nur um ein Fort – Alamo im damals noch selbständigen Texas durch mexikanisches Militär unter Führung des (späteren) mexikanischen Präsidenten Santa Anna. Die zunächst erfolgreiche Verteidigung Alamos durch texanische Milizen und einige Freiwillige aus den USA wurde zu einem Heldenepos, das auch heute noch jeder Amerikaner kennt – und sei es auch nur aus den vielen weniger guten, vielmehr meist schlechten Alamo-Filmen.[182] Die von Santa Annas Soldaten angeblich begangenen Grausamkeiten bei der Eroberung Alamos wurden – und werden immer noch – breit und in den blutigsten Farben geschildert. In der Folge entstand ein tiefes Misstrauen gegenüber den mexikanischen Landsleuten im ursprünglich mexikanischen Kalifornien, Arizona, Neu-Mexiko und Texas, das dann auf mexikanische Einwanderer übertragen wurde, die völlig ohne Grund als Bedrohung angesehen wurden und immer noch werden.

Die Mexikaner waren und blieben jedoch nicht die einzigen »inneren Feinde«. Zu ihnen wurden im Laufe des 19. Jahrhunderts auch große Teile der amerikanischen Arbeiterbewegung gezählt.[183] Auch diese Angst war unbegründet und basierte auf einem, allerdings nicht eingestandenen, schlechten Gewissen. Die überaus schnelle und erfolgreiche Industrialisierung nach dem Bürgerkrieg hatte zur Entstehung einer sozialen Frage geführt, deren Lösung genauso dringlich, wenn nicht noch dringlicher als in den industrialisierten europäischen Ländern war. Doch dies geschah nicht. Jedenfalls nicht vonseiten des Staates, der sich nicht in das Wirtschaftsleben einmischen wollte und auch gar nicht konnte, weil dies auf den energischen Widerstand der völlig unbeschränkt und geradezu oligarchisch herrschenden amerikanischen Industriellen gestoßen wäre.

Die meisten amerikanischen Arbeiter, vor allem die gerade aus Europa eingewanderten, wurden gnadenlos ausgebeutet und lebten in sozialen Verhältnissen, die weitaus schlechter als die in Deutschland und einigen anderen europäischen Ländern waren. Der amerikanischen Arbeiterbewegung bot sich also ein breites Betätigungsfeld, was zu ihrem Erstarken hätte führen müssen. Doch auch dazu kam es nicht: Die Gewerkschaftsbewegung blieb schwach, und die sozialistischen Parteien, die im Lande entstanden, waren fast bedeutungslos. Die Socialist Labor Party hatte 1880 ganze 1500 Mitglieder.[184] Die Gewerkschaften wurden zudem von Spitzeln der Arbeitgeber unterwandert und nicht selten von völlig korrupten Funktionären angeführt. Bedeutung hatten sie ohnehin nur in einigen Regionen. Die einzige Gewerkschaft, die fast im ganzen Land vertreten war, war die 1886 gegründete American Federation of Labor (AFL). Doch gerade sie war strikt reformistisch und beschränkte sich auf einen *pure and simple unionism*.

Die Gründe für die relative Schwäche der amerikanischen Arbeiterbewegung waren vielfältig: Zunächst einmal ist auf die schiere Größe des Landes zu verweisen, durch die der Aufbau einer zentralen und im ganzen Land operierenden Gewerkschaft oder Partei nach dem Muster der SPD erschwert wurde. Die Vormachtstellung der beiden traditionellen großen Parteien wurde, anders als in England, niemals durch eine Arbeiterpartei in Zweifel gezogen. Generell blieb das auf den Prinzipien der individuellen Freiheit und ökonomischen Chancengleichheit basierende amerikanische politische System auch deshalb stabil, weil es eine unbezweifelbare Anziehungskraft auch auf die neuen Immigranten ausübte, die von seiner Gerechtigkeit überzeugt waren, anstatt es innerhalb der Organisationen der Arbeiterbewegung infrage zu stellen. Hinzu kamen die großen ethnischen und anfangs auch noch sprachlichen Unterschiede zwischen den eingewanderten Arbeitern, die ihre Organisation und Schulung zu ›klassenbewussten Proletariern‹ so unendlich schwierig machten. Schließlich wurde die Klassen-Frage immer wieder durch die in Amerika in Gestalt der Afroamerikaner real existierende »Rassen«-Frage konterkariert, weil der Rassismus auch innerhalb der Arbeiterschaft verbreitet war.

Verschiedene Angehörige der Oberschicht und des politischen und ökonomischen Systems sahen dies jedoch anders. Sie fürchteten eine Verbindung der sozialen mit der nationalen, ja selbst mit der »Rassen«-Frage – konkret ein Bündnis der meist katholischen, jüdischen oder gar atheistischen Immigranten aus Süd- und Osteuropa mit den nach wie vor als Neger bezeichneten und diskriminierten Afroamerikanern gegen das herrschende Establishment der White Anglo-Saxon Protestants (WASPs). Diese Angst war unbegründet, weil die konfessionellen und ethnischen Unterschiede zwischen den Immigranten und die »rassischen« Differenzen zwischen weißen und schwarzen Arbeitern gerade die Bildung einer starken Arbeiterbewegung erschwert und verhindert haben. Dennoch hielten die WASPs an diesem irrealen und diffusen Feindbild fest. In ihren Augen galten die Angehörigen der amerikanischen Arbeiterbewegung wegen ihrer häufig nicht protestantischen Konfession, ihrer nicht-englischen ethnischen und »rassischen« Herkunft sowie wegen ihrer ebenfalls als völlig »unamerikanisch« geltenden marxistischen Ideologie als fremd und gefährlich.

Die bewusst geschürte Angst vor diesem unamerikanischen *enemy within* konnte jederzeit in Aggression umschlagen.[185] Anfang Mai 1886 war dies in Chicago der Fall. In dieser gewaltig expandierten Industriestadt hatten sich einige anarchistische Gruppen gebildet, die unter den deutschen, jüdischen, italienischen und osteuropäischen Immigranten einige Tausend Mitglieder rekrutiert hatten. Am 1. Mai 1886 organisierten sie einen Streik, um für die Einführung des Achtstundentages zu demonstrieren, was ihren australischen Kollegen in der damaligen britischen Kolonie Victoria schon 1856 gelungen war. Am 3. Mai 1886 kam es dann auf dem Chicagoer Haymarket zu einem Zusammenstoß mit der Polizei, der einige Tote und Verletzte forderte. Anlass soll der Bombenwurf eines Demonstranten gewesen sein, durch den ein Polizist getötet wurde.[186] Obwohl keineswegs sicher geklärt werden konnte, wer die Bombe tatsächlich geworfen hatte, wurden vier angebliche Rädelsführer verhaftet, zum Tode verurteilt und ein Jahr später hingerichtet.

2.2 »Red Scare«

Auch nach dem Ersten Weltkrieg wurde die amerikanische Arbeiterbewegung in einer Weise bekämpft und unterdrückt, die bis dahin beispiellos war und nur noch von den faschistischen Staaten in Italien, Deutschland und Spanien übertroffen werden sollte. Gegen die amerikanische Arbeiterbewegung wurde ein Feldzug geführt, der unter der irreführenden Bezeichnung »Red Scare« firmierte, was man in etwa mit ›Angst vor den Roten‹ übersetzen kann.[187] Dabei konnte von einer tatsächlichen roten oder gar bolschewistischen Gefahr nicht die Rede sein. Was geschah wirklich?

Die USA waren zwar siegreich und als politisch unerhört gestärkte Großmacht aus dem Ersten Weltkrieg hervorgegangen, hatten jedoch mit ökonomischen Schwierigkeiten zu kämpfen, die im Wesentlichen durch die Umstellung von der Kriegs- auf die Friedenswirtschaft bedingt waren. Es kam 1918 und Anfang 1919 zu Massenentlassungen, die jedoch von den Gewerkschaften nicht einfach hingenommen wurden. Schließlich hatten sie, allen voran die schon erwähnte American Federation of Labor, während des Krieges einige Zugeständnisse seitens des Staates und der Unternehmer erringen können, weil beide – Staat wie Unternehmer – an einer produktiven und reibungslos funktionierenden Wirtschaft interessiert gewesen waren. Doch davon sowie von weiteren sozialen Reformen wollten nun sowohl die Wirtschaftsbosse als auch die konservativen Kräfte in Staat und Gesellschaft nichts mehr wissen und versuchten alles, um ihren temporären und kriegsbedingten Machtverlust wieder auszugleichen. Um ihre sehr eigennützigen Ziele im innenpolitischen Bereich zu legitimieren, wiesen sie auf die angeblich drohende außenpolitische Gefahr hin – womit die damals in einem blutigen und sie schwächenden Bürgerkrieg verstrickte Sowjetunion gemeint war, die sich daher auch nicht in die inneramerikanischen Angelegenheiten einmischen konnte.

Gleichwohl wirkte das Beispiel der bolschewistischen Revolution auf keineswegs alle amerikanischen Arbeiter völlig abschreckend. Einige Gruppen – zu nennen sind vor allem die Industrial Workers of the World (IWW) – übernahmen sogar die radikale Rhetorik der Bolschewisten, allerdings ausschließlich für ihre Streikparolen und nicht, um zu einer sozialistischen Revolution aufzurufen. Doch genau dies wurde den Teilnehmern der Streiks unterstellt, die sich, ausgehend von Seattle im Westen, in der ersten Hälfte des Jahres 1919 fast über das ganze Land ausbreiteten. Die Rede von der »roten Gefahr« *(red menace)* machte die Runde. Die Wirtschaftsbosse baten sogar die ansonsten so verhasste Zentralregierung um Hilfe.[188]

Dies war neu und kam überraschend. Denn es setzte ja die Existenz eines starken Staates voraus, der jedoch in Amerika nicht existierte und gemäß des *American creed* auch nicht existieren durfte. Unter dem Präsidenten Woodrow Wilson war er sogar besonders schwach, weil Wilson sich völlig auf die Annahme des Versailler Vertrages und ein stärkeres Engagement Amerikas in Europa konzentrierte. Als diese Bemühungen fehlschlugen, resignierte der inzwischen auch durch einen Schlaganfall körperlich geschwächte Präsident. Das Land war in dieser schwierigen innenpolitischen Situation nahezu führerlos.[189]

Dennoch war Wilson persönlich für die nun ausbrechende antikommunistische Hysterie nicht nur politisch verantwortlich, er hat sie auch selbst durch Wort und Tat noch zusätzlich angeheizt. Dazu trug vor allem das von ihm ins Leben gerufene »Committee on Public Information« bei, dessen Aufgabe es war, illoyale und nicht »hundert Prozent amerikanische« Personen aufzuspüren. Diese *countersubversion* der *guardians of the homefront* für einen *one hundred percent Americanism*[190] artete in eine Hexenjagd gegen alles aus, was irgendwie als links, »rot« und unamerikanisch angesehen wurde.

Ausgeführt wurde sie von Organisationen[191] wie dem chauvinistischen Veteranenverband American Legion sowie von Personen wie dem Justizminister A. Mitchell Palmer. Letzterer nahm eine Serie von niemals aufgeklärten Bombenanschlägen, dem auch sein eigenes Haus zum Opfer fiel, zum Anlass, um eine neue Kampagne gegen die vermeintliche »rote Gefahr« zu starten.[192] Zu diesem Zweck rief er eine im Justizministerium angesiedelte General Intelligence Division ins Leben, die von dem damals erst 24-jährigen J. Edgar Hoover geleitet wurde. Dieser speziell zur Bekämpfung der »roten Gefahr« in Amerika gegründete Geheimdienst sammelte Informationen über und platzierte Agenten in den verschiedensten linken Organisationen und Gewerkschaften. Obwohl schon im Herbst 1919 Ausmaß und Zahl der Streiks zurückgingen, weil die meisten von der Polizei mit gewaltsamen Methoden zerschlagen wurden, obwohl also die »rote Gefahr« schon vorüber war, wenn es sie denn überhaupt gegeben hatte, schlugen Palmer und sein Adlatus Hoover zu.

Im November 1919 wurden in zwölf Städten der USA die Büros der Union of Russian Workers überfallen und durchsucht. Schriftliche Unterlagen dieser kleinen gewerkschaftlichen Gruppe wurden beschlagnahmt und Tausende ihrer Mitglieder verhaftet. Viele – insgesamt waren es 249 – wurden zudem zu unerwünschten Ausländern erklärt und ausgewiesen. Anfang 1920 wurden in über dreißig Städten die Geschäftsstellen und Versammlungsorte der 1919 gegründeten Kommunistischen Partei der USA (CPUSA) Opfer dieser *Palmer raids*. Zwischen fünf- und zehntausend tatsächliche oder auch nur angebliche Kommunisten wurden gefangen genommen.

Kurz zuvor hatten Angehörige der Amercian Legion in der Stadt Centralia im US-Staat Washington Mitglieder der Industrial Workers of the World überfallen. Die »Wobblies« wehrten sich jedoch und erschossen drei Legionäre, worauf diese mit dem Lynchmord an einem Wobbly antworteten.[193]

All dies erinnert stark an die Vorgänge in Italien vor und nach der Machtergreifung der Faschisten. Doch anders als Italien (und Deutschland) wurde Amerika nicht faschistisch. Die demokratischen Institutionen erwiesen sich trotz allem als stabil. Hinzu kam, dass sich auch in der amerikanischen Öffentlichkeit ein Prozess der Ernüchterung durchsetzte. Dazu hatte, allerdings unfreiwillig, der Initiator der *Palmer raids* selbst beigetragen. Hatte der Justizminister doch persönlich vor einem Aufstand der Linken gewarnt, der am 1. Mai 1920 stattfinden sollte, aber eben nicht stattfand, weshalb die überall im Lande mobilisierten Polizei- und Armeeeinheiten unverrichteter Dinge wieder abziehen mussten. Damit hatte sich Palmer fast lächerlich gemacht. Außerdem wurde er von zwölf führenden Anwälten des Landes beschuldigt, mit seinen Überfällen *(raids)* gegen Gesetze verstoßen und unschuldige Bürger verhaftet zu haben. In Gestalt des neuen Arbeitsministers Post erhielt Palmer zudem einen politischen Konkurrenten, dem es schließlich gelang, viele der von Palmer erlassenen Ausweisungsbefehle rückgängig zu machen. Die als »Red Scare« bekannt gewordene und vom Historiker Robert K. Murray als »National Hysteria«[194] bezeichnete antikommunistische Welle ebbte ab.

War es nur eine »Hysterie«? Eine Art Krankheit also, die grundsätzlich heilbar und von vorübergehender Natur ist?[195] Da sind Zweifel angebracht. Der in der »Red Scare« von 1919/20 vehement zum Ausdruck gekommene amerikanische Antikommunismus scheint vielmehr zu einem integralen Bestandteil des *American creed* schlechthin geworden zu sein. Insofern hatte der amerikanische große Ähnlichkeiten mit dem zeitgenössischen deutschen Antikommunismus. Doch ein Element fehlte weitgehend. Und dies war der Antisemitismus.

Der im privaten und gesellschaftlichen Bereich durchaus vorhandene amerikanische Antisemitismus hat niemals die politische Bedeutung erlangt, die der Antisemitismus in Deutschland und anderen europäischen Ländern hatte. Grund dafür war zum einen die schon 1776 in der Virginia Bill of Rights allen amerikanischen Bürgern (aber nicht den Sklaven!) versprochene politische und religiöse Freiheit und Gleichheit. Wegen der ebenfalls von Anfang an bestehenden strikten Trennung von Staat und Kirche waren die amerikanischen Juden zudem gar nicht durch ihre Zugehörigkeit zur jüdischen Religionsgemeinschaft als Juden erkennbar. Eine Diskriminierung und staatliche Benachteiligung aufgrund von »rassischen«

Kriterien schied (anders als bei den Afroamerikanern) ebenfalls aus. Der Antisemitismus blieb im 19. Jahrhundert auf einige gesellschaftliche Randgruppen beschränkt und war allenfalls in einigen fundamentalistischen Kreisen verbreitet.

Dies schien sich Anfang des 20. Jahrhunderts zu ändern. Anlass war die bolschewistische Revolution, deren Übergreifen auf Amerika befürchtet wurde, weil es dort in den Reihen der Arbeiterbewegung viele Juden geben sollte, von denen man annahm, dass sie für die Ideen des auch von vielen Amerikanern als »jüdisch« wahrgenommenen Bolschewismus empfänglich sein würden. Der wichtigste, aber keineswegs einzige Vertreter und Verbreiter dieser ebenso antibolschewistischen wie antisemitischen Verschwörungsideologie war der amerikanische Autokönig Henry Ford.

Ford ließ Anfang der 20er Jahre in der Werkszeitung der Detroiter Fordwerke – *The Dearborn Independent* – verschiedene antisemitische Artikel, darunter Auszüge aus den »Protokollen der Weisen von Zion« drucken, die er dann unter seinem Namen in Buchform und unter dem Titel *The International Jew – the World's Foremost Problem* veröffentlichte. Fords Buch wurde sofort in andere Sprachen, darunter auch ins Deutsche, übersetzt[196] und fand in Europa und vor allem im nationalsozialistischen Deutschland begeisterte Leser.

In Amerika war dies jedoch anders. Fords Verschwörungshypothesen über die Macht »der Juden«, die hinter allem, vor allem aber der bolschewistischen Revolution stünden, wurden von vielen nüchterner denkenden Amerikanern in Zweifel gezogen und als »unamerikanisch« empfunden, weil damit eine gesamte religiöse Gemeinschaft diffamiert wurde. Als jüdische Organisationen mit dem Boykott der Autos des Ford-Konzerns drohten, stand Ford vor der Wahl, entweder Antisemitismus zu verbreiten oder Autos zu verkaufen. Er entschied sich für letztere Alternative und zog sein Buch zurück.

Die von Ford hergestellte Verbindung zwischen Antikommunismus und Antisemitismus wirkte jedoch weiter. Aufgegriffen wurde sie vom rassistischen Ku Klux Klan, der jetzt nicht mehr nur die Afroamerikaner bekämpfte, sondern auch noch gegen Juden und Kommunisten wetterte[197] – keineswegs mehr nur in den Südstaaten, sondern auch im Norden der Vereinigten Staaten, wo es dem Klan ebenfalls gelang, viele Anhänger zu gewinnen und zu einer Massenbewegung zu werden. Letzteres blieb den auch in der Zwischenkriegszeit entstandenen faschistischen Bewegungen versagt,[198] weil sie, anders als der weitgehend tolerierte Klan, von der Roosevelt-Administration bekämpft wurden.

2.3 »Un-American Activities«[199]

Zu diesem Ziel und Zweck hatte Roosevelt 1938 einen Unterausschuss des amerikanischen Kongresses ins Leben gerufen, der »House Committee on Un-American Activities« (HUAC) hieß und alle als »unamerikanisch« geltenden Bestrebungen überwachen und unterbinden sollte. Gemeint waren damit aber keineswegs nur faschistische, sondern auch kommunistische Gruppierungen, weil beide »variants of the same repressive authoritarian creed« seien.[200] Tatsächlich wurden vom HUAC und dem FBI, der inzwischen von dem schon erwähnten J. Edgar Hoover geleitet wurde, sowohl der German American Bund als auch andere rechtsradikale Organisationen sowie die Kommunistische Partei der USA (CPUSA) überwacht, die von dem liberalen Zeitgeist profitierte und ihre Mitgliederzahl steigern konnte.[201] Von einer Massenpartei war sie jedoch noch weit entfernt.

Sieht man genauer hin, so verdankte die CPUSA ihr temporäres Wachstum auch weniger der Anziehungskraft des Kommunismus als der des Antifaschismus. Letzterer war auf dem VII. Weltkongress der Kommunistischen Internationale von 1935 zum obersten Ziel erklärt worden, dem alles – auch die Ausrufung einer Revolution – untergeordnet worden war. Deshalb wurden nun auch Bündnisse mit sozialdemokratischen und sogar bürgerlichen Antifaschisten erlaubt. Die in Moskau beschlossene neue Volksfrontstrategie wurde auch von der

CPUSA propagiert und mit gewissem Erfolg betrieben. Es gelang ihr, 1936 ein nach Abraham Lincoln benanntes Freiwilligen-Bataillon aufzustellen und nach Spanien zu senden, wo es in den Reihen der Internationalen Brigaden gegen den Faschismus kämpfte.[202] Keineswegs alle Angehörigen des Lincoln-Bataillons waren jedoch Mitglieder der Kommunistischen Partei. Nicht weniger als ein Drittel von ihnen war jüdischer Herkunft. Ein damals vielfach übersehenes, aber nicht unwichtiges Detail.

Auch in den USA selbst schlossen sich viele jüdische Intellektuelle antifaschistischen Gruppen an. Sie taten dies jedoch nicht, weil sie Stalin liebten, sondern weil sie Hitler und den Faschismus hassten, wozu sie gerade als Juden auch allen Grund hatten. Parallel zu dieser politischen Linkswendung einiger junger jüdischer Intellektueller kam es zu einem sozialen und politischen Aufstieg verschiedener anderer amerikanischer Juden innerhalb von Wirtschaft und Gesellschaft. Besonders auffallend war der jüdische Anteil an der expandierenden Filmwirtschaft.

Nachdem sich die USA 1941 mit der Sowjetunion gegen die faschistischen Achsenmächte verbündet hatten, wurde auch die antikommunistische Propaganda verringert. In Hollywood wurden sogar einige Filme gedreht, in denen die Sowjets nicht verteufelt wurden und in denen, wie dann im Ausschuss für unamerikanische Aktivitäten moniert wurde, einige Sowjetmenschen doch tatsächlich lachten, was nach der Meinung einer ›Expertin‹, der Schriftstellerin Ayn Rand, unmöglich und ein kommunistischer Propaganda-Trick sei, denn die Sowjetbürger hätten schließlich nichts zu lachen.[203]

Während des Krieges war es den Amerikanern noch egal gewesen, ob die Sowjets lachten oder nicht – Hauptsache, sie hielten der faschistischen Aggression stand. Dafür wurden sie von den USA auch mit Waffen und Material unterstützt. Unmittelbar nach der bedingungslosen Kapitulation Deutschlands wurden die amerikanischen Hilfslieferungen an die Sowjetunion jedoch eingestellt. Für die Sowjets kam dies überraschend. Außerdem fanden sie es sehr ungerecht, denn schließlich hatten sie die Hauptlast des Krieges in Europa getragen und bei weitem die meisten Opfer erbracht. Die Amerikaner wiederum kritisierten das aggressive Vorgehen der Sowjetunion in Ost- und Mitteleuropa. Der erneuten sowjetischen Annexion der baltischen Staaten und der nach dem Hitler-Stalin-Pakt gewonnenen ostpolnischen Gebiete hatten sie zwar in Jalta und Potsdam noch zugestimmt, doch die davor und danach erfolgten, teilweise gewaltsamen kommunistischen Machtergreifungen in Rumänien, Bulgarien, Ungarn, Jugoslawien, Polen und schließlich 1948 in der Tschechoslowakei stießen auf die immer heftiger werdende Kritik der USA.

Präsident Truman, der 1945 die Nachfolge des verstorbenen Roosevelt angetreten hatte, versprach 1947 allen vom Kommunismus bedrohten Ländern militärische und wirtschaftliche Hilfe. Doch während diese neue Politik der »Eindämmung« *(containment)* des aggressiven Kommunismus in Griechenland, wo die Kommunisten mit westlicher Hilfe geschlagen wurden, und in Berlin, wo die Versorgung der blockierten westlichen Sektoren durch eine Luftbrücke gewährleistet wurde, erfolgreich war, erkämpften die chinesischen Kommunisten unter Mao Tse-tung 1949 einen vollständigen Sieg über ihre bürgerlichen Widersacher.

Auf weitere Einzelheiten dieses Konfliktes, der allgemein als Kalter Krieg bezeichnet wird, soll hier ebenso wenig eingegangen werden wie auf die Frage, wer für seinen Ausbruch verantwortlich war. Dies ist in der heutigen Forschung umstritten. Doch für die damaligen handelnden amerikanischen Politiker war die Sache klar. Sie wollten in all dem eine von Moskau geplante und koordinierte Aggression des Kommunismus erkennen, vor der sie sich fürchteten und die sie daher »eindämmen« wollten.[204]

Die außenpolitische *containment*-Politik wirkte sich auch auf die Innenpolitik aus. In den USA war es unmittelbar nach der Beendigung der Kampfhandlungen in Europa und Asien zu ausgedehnten Streiks gekommen, weil die neu organisierten und selbstbewusster gewordenen amerikanischen Gewerkschaften ihre während des Krieges errungenen Positionen nicht kampflos aufgeben wollten. Die Unternehmer wiederum machten »die Kommunisten« für diese Arbeitskämpfe verantwortlich. Glaubwürdig war das nicht, denn die Kommunistische Partei der USA hatte nach wie vor mehr den Charakter einer politischen Sekte denn einer machtvollen Partei der Arbeiterbewegung. Doch hatte sie nicht in Gestalt der Sowjetunion einen mächtigen Freund und Auftraggeber? Das fragten sich viele Amerikaner in sowohl echter wie auch vorgetäuschter Angst. Dass derartige Verschwörungshypothesen gerade Ende der 40er Jahre auf so fruchtbaren Boden fielen, kam nicht von ungefähr. Wurden doch zu dieser Zeit verschiedene Spionagefälle aufgedeckt und weitere vermutet.[205]

Mitte 1945 fand man bei einer Durchsuchung der Redaktion der linken Zeitschrift *Amerasia* einige geheime Regierungsdokumente. Wie sie dahin gekommen waren, konnte zwar nicht aufgeklärt werden, doch verdächtigt wurden »die Kommunisten«. Dieser Verdacht erhärtete sich einige Monate später, als ein Angestellter der sowjetischen Botschaft in Kanada zu den Amerikanern überlief und ein ganzes Bündel von Dokumenten mitbrachte, die auf ein ausgedehntes sowjetisches Spionagesystem in den USA hindeuteten. Dies heizte die Spionagehysterie noch weiter an.

1948 beschuldigte ein ehemaliger Kommunist und *Time*-Redakteur namens Whittaker Chambers den hohen Regierungsbeamten Alger Hiss, in den 30er Jahren Mitglied der Kommunistischen Partei gewesen und auch jetzt noch seiner kommunistischen Überzeugung treu geblieben zu sein.[206] Diese Verdächtigung fiel schon deshalb auf fruchtbaren Boden, weil Hiss' Person dem Stereotyp vom prokommunistischen *fellow traveller* zu entsprechen schien. Der Absolvent der Elite-Universitäten von Harvard und Johns Hopkins hatte seine Karriere unter Roosevelt begonnen, wo er zunächst im Landwirtschaftsministerium an der Durchführung des New Deal mitarbeitete, um dann ins State Department zu wechseln, wo er zum Berater Roosevelts bei der Konferenz von Jalta avancierte. In den Augen der oppositionellen Republikaner schien er Beweis und Beispiel für die von ihnen schon immer behauptete kommunistische Unterwanderung der Roosevelt-Administration zu sein.

Tatsächlich musste der vor den Ausschuss für unamerikanische Aktivitäten geladene Hiss im Kreuzverhör mit dem späteren Präsidenten Richard Nixon zugeben, dass er den erwähnten Chambers sehr wohl kannte, was er vorher geleugnet hatte. Daher wurde er wegen Meineids zu fünf Jahren Haft verurteilt. Der strafrechtlich ohnehin verjährte Spionagevorwurf konnte jedoch nicht bewiesen werden.

Dies wurde von der amerikanischen Öffentlichkeit kaum noch zur Kenntnis genommen, wurde sie doch nur einen Monat nach der Verurteilung von Hiss mit einem weiteren und wirklichen schwerwiegenden Fall von Spionage konfrontiert.[207] Er begann mit der Verhaftung des Atomphysikers Klaus Fuchs durch den britischen Geheimdienst. Fuchs hatte während des Krieges am amerikanischen Atomwaffenprojekt in Los Alamos mitgearbeitet und gestand, die dort gewonnenen Erkenntnisse an die Sowjets weitergegeben zu haben. Fuchs' Informationen brachten dann den amerikanischen Geheimdienst auf die Spur weiterer Mitarbeiter des Manhattan Projects.

Einer von ihnen hieß Harry Gold, der wiederum einen Mechaniker namens David Greenglass denunzierte. Greenglass schließlich belastete seine Schwester und deren Mann, Ethel und Julius Rosenberg.[208] Beide Rosenbergs wurden 1951 wegen Spionage zum Tode verurteilt und zwei Jahre später hingerichtet.[209] Der Justizmord an den Rosenbergs rief in aller Welt und keineswegs nur in den kommunistischen Staaten Abscheu und Entsetzen hervor, zumal die Kampagne gegen die Rosenbergs und ihre ebenfalls jüdischen Verwandten unverkennbar antisemitische Züge aufwies. In den USA selbst wurde das nicht so gesehen. Zu groß war der Schock über den Verlust des Atomwaffenmonopols, wofür Spione und andere Kommunisten verantwortlich gemacht wurden. All dies heizte den Antikommunismus noch weiter an.

Ausgenützt und instrumentalisiert wurde er von den oppositionellen Republikanern, die Truman vorwarfen, wie sein Vorgänger Roosevelt »soft on Communism«, d. h. zu nachgiebig gegenüber dem Kommunismus im außen- und innenpolitischen Bereich zu sein. In Bezug auf Trumans Außenpolitik war dieser Vorwurf geradezu grotesk. Noch antikommunistischer konnte die im Zeichen der Truman-Doktrin stehende amerikanische Außenpolitik kaum sein. Auch im innenpolitischen Bereich zeigte Truman eine antikommunistische Härte, die kaum noch mit demokratischen und rechtsstaatlichen Prinzipien vereinbar war.

Dies gilt vor allem für den amerikanischen Radikalenerlass von 1947. Aufgrund der Executive Order 9835 wurde ein sogenanntes Federal Employee Loyality Program verkündet, das die Entlassung von Angehörigen des öffentlichen Dienstes vorsah, falls sie folgende Delikte begangen hatten: 1. Sabotage und Spionage, 2. Verrat und Aufhetzung *(sedition)*, 3. Eintreten für den gewaltsamen Sturz der Regierung, 4. absichtliche und unerlaubte Weitergabe geheimer Informationen, 5. nicht im Interesse der USA stehender Dienst für eine ausländische Regierung, 6. Mitgliedschaft in einer Organisation, die vom Generalstaatsanwalt (Attorney General) als totalitär, faschistisch, kommunistisch oder subversiv eingestuft worden ist.[210]

Darüber hinaus wurden auch alle Handlungen und sogar Gedanken, die mit der amerikanischen Verfassung als unvereinbar galten, als Grund angegeben, um aus dem Staatsdienst entlassen werden zu können. Eine Unvereinbarkeit wurde auch dann angenommen, wenn die Betreffenden nur Kontakte zu anderen Personen hatten, denen eine »illoyale« Haltung unterstellt wurde, womit vor allem Mitglieder der Kommunistischen Partei gemeint waren.[211] Dies nannte man »Schuld durch Bekanntschaft« *(guilt by association)*. Dem allgemeinen Denunziantenunwesen wurde damit natürlich Tür und Tor geöffnet. Andererseits wurde so die Angst vieler Amerikaner davor geschürt, sich einer politischen Organisation anzuschließen oder überhaupt politisch zu betätigen. Aufgrund des amerikanischen

Radikalenerlasses, der unter Präsident Eisenhower im Jahr 1953 noch einmal verschärft wurde, wurden zwischen 1947 und 1956 insgesamt 2700 Regierungsbeamte entlassen.[212]

All dies rangiert in der amerikanischen Historiografie unter dem Namen des Senators aus Wisconsin, Joseph McCarthy, und wird als »McCarthyism« bezeichnet. Diese Personalisierung des amerikanischen Antikommunismus dieser Phase ist falsch und irreführend, weil McCarthy keineswegs allein für die antikommunistische Politik verantwortlich war. Selbst die Verhörmethoden, die McCarthy im Untersuchungsausschuss für unamerikanische Aktivitäten anwandte – und die in der berühmt gewordenen Frage gipfelten: »Are you now or have you ever been a member of the Communist Party« –, sind nicht von ihm selbst erfunden worden.

Sie wurden erstmals in einer Befragung von 19 Filmschaffenden angewandt, die vom erwähnten Untersuchungsausschuss des amerikanischen Senats, dem McCarthy nur als einfaches Mitglied und noch nicht als Vorsitzender angehörte, im August 1947 in Los Angeles durchgeführt wurde.[213] Diese »Inquisition« richtete sich gegen Regisseure, Schauspieler und Drehbuchschreiber, von denen keiner politisch hervorgetreten war. Prominent war nur einer: Bertolt Brecht, der danach gefragt wurde, ob in seinen Stücken eine kommunistische Tendenz zu erkennen sei. Brecht zog sich aus der Affäre, indem er die Richtigkeit der englischen Übersetzung seiner Werke anzweifelte und erklärte: »No, I wrote a German poem, but that [die englische Übersetzung, Anm. d. Verf.] was very different from this.«[214] Diese Notlüge wurde Brecht vom Vorsitzenden geglaubt, der offensichtlich weder Deutsch sprach noch den Dichter kannte. Brecht war sich jedoch seiner Sache nicht sicher und verließ die USA zwei Tage später fluchtartig, um das Land danach nie wieder zu betreten.

Zehn seiner Mitangeklagten ist es jedoch bedeutend schlechter ergangen. Sie wurden wegen Missachtung des Kongresses angeklagt und zu Gefängnisstrafen zwischen sechs und zwölf Monaten verurteilt. Dieses Urteil wurde noch im April 1951 vom Supreme Court bestätigt.[215] Die »Hollywood Ten« sind nach Verbüßung ihrer Strafe von keiner Filmgesellschaft wieder eingestellt worden. Auch sie sind zu Opfern des amerikanischen Antikommunismus geworden, der auch nach dem Fall McCarthys andauerte.

Zu diesem seinem Fall hatte McCarthy selbst beigetragen. War er doch dazu übergegangen, nicht nur dem State Department, sondern der gesamten amerikanischen Armee eine kommunistische Unterwanderung zu unterstellen. Damit war er zu weit gegangen. Schließlich hatte diese Armee gerade einen antikommunistischen Krieg in Korea geführt. McCarthys vielversprechende politische Karriere ging 1954 abrupt zu Ende. Dies gilt nicht für den mit seinem Namen verbundenen amerikanischen Antikommunismus. Auch deshalb ist die Bezeichnung dieser antikommunistischen Verfolgungswelle als »McCarthyismus« problematisch.[216]

2.4 »Empire of Evil«

Präsident Eisenhower hielt an dem strikt antikommunistischen Kurs seines Amtsvorgängers Truman fest.[217] Äußerst ambivalent agierte dann Kennedy. Er begann zwar mit der Entspannungspolitik, begründete aber gleichzeitig das verstärkte Eingreifen der USA in Vietnam mit antikommunistischen Motiven. Doch diese Legitimation des sinnlosen und verbrecherischen Vietnamkrieges wurde in den USA zunehmend infrage gestellt. Man konnte und wollte es immer weniger einsehen, dass die Freiheit der westlichen Welt gegen den aggressiven Kommunismus in den Dschungeln Vietnams verteidigt werden müsse. Nachdem die amerikanischen Medien, die täglich und gewissermaßen hautnah über den Krieg berichteten, auch noch einige amerikanische Kriegsverbrechen aufgedeckt hatten, schlug die Stimmung völlig um. Der schrittweise und in einem Desaster endende Rückzug der amerikanischen Truppen wurde dann ausgerechnet von dem vehementen Antikommunisten Nixon eingeleitet, der seine politische Karriere als Gefolgsmann McCarthys begonnen hatte.

Doch während die USA in Asien gezwungenermaßen nachgaben und in Europa den Status quo und damit zugleich die kommunistische Herrschaft anerkannten, setzten sie in Mittel- und Südamerika ihren strikt antikommunistischen Kurs unbeirrt fort – als ob es sich hier immer noch um ihren, wie es im 19. Jahrhundert hieß, »Hinterhof« handelte. Dies bekam einmal das Castro-Regime auf Kuba zu spüren, gegen das man trotz des schon unter Kennedy fehlgeschlagenen offenen Angriffs einen politischen und ökonomischen Krieg führte, der das Land vollends in die Arme der Sowjetunion trieb und von ihr abhängig machte.

Zu einem weiteren Opfer der antikommunistischen *containment*-Politik wurde die Regierung des frei gewählten Salvador Allende in Chile, die durch einen vom CIA finanzierten und geleiteten Militärputsch gestürzt wurde, wobei Allende selbst ermordet wurde. Dem von dem Militärdiktator Pinochet gegen die Anhänger Allendes geführten Terrorfeldzug, dem Tausende von Chilenen zum Opfer fielen, sahen die USA ungerührt zu. Auch dies wurde als gerechtfertigter »demokratischer Antikommunismus« angesehen. Dabei handelte es sich eindeutig um völkerrechtswidrige Verbrechen, für die nicht nur die Schergen Pinochets, sondern auch verschiedene Angehörige der amerikanischen Administration die Verantwortung trugen. An erster Stelle der Außenminister und Nobelpreisträger Henry Kissinger.

Zumindest indirekt unterstützt wurde auch die Militärdiktatur General Videlas in Argentinien, der ebenfalls viele argentinische Oppositionelle – und keineswegs nur Kommunisten – zum Opfer fielen. Direkte Unterstützung fand auch die Bekämpfung der Sandinisten in Nicaragua durch die antikommunistischen Contras.

Der Militärputsch in Indonesien, durch den nach neuesten Schätzungen drei Millionen Indonesier ums Leben kamen, wurde mit Wissen, wenn nicht mit aktiver Unterstützung des

CIA durchgeführt. Schließlich ist noch auf das rassistische Apartheid-Regime in Südafrika hinzuweisen, das von den USA toleriert, ja in militärischer, politischer und wirtschaftlicher Hinsicht unterstützt wurde, weil man es als Bollwerk gegen den Kommunismus ansah.

Der in den 70er Jahren begonnene Prozess einer weltweiten Entspannung geriet zudem in den 80er Jahren wieder ins Stocken, weil der Westen den Osten verdächtigte, sich nicht an die bei den Abrüstungsverhandlungen erzielten Abmachungen gehalten zu haben und über noch mehr Mittelstreckenraketen zu verfügen, als vereinbart war.[218] Dies führte auf Drängen von Willy Brandts Nachfolger Helmut Schmidt zu einer westlichen »Nachrüstung«, durch die das allgemeine Klima der Entspannung vergiftet wurde. Einige Beobachter wollten sogar eine neue Phase des Kalten Krieges wahrnehmen. Tatsächlich erinnerte der Ton, mit dem die Führer der beiden Supermächte miteinander umgingen, wieder an den der 50er Jahre. Dabei tat sich der amerikanische Präsident Ronald Reagan besonders hervor, der in der Sowjetunion immer noch ein »Reich des Bösen« zu entdecken glaubte, gegen das unter Umständen doch ein atomarer Krieg bzw. ein »Kampf der Sterne« zu führen sei.

Dazu ist es dann wegen des völlig unerwarteten Zusammenbruchs aller kommunistischen Regime in Europa nicht gekommen. Der amerikanische Historiker Francis Fukuyama verkündete daraufhin das »Ende der Geschichte«, weil die Demokratie überall gesiegt habe oder zumindest bald siegen werde.[219] Sein Kollege Samuel Huntington war jedoch völlig anderer Meinung. Er prophezeite einen neuen »Kampf der Kulturen« *(clash of civilizations)*[220] – nicht mehr zwischen dem demokratischen Westen und dem kommunistischen Osten, sondern zwischen dem westlichen und dem islamischen »Kulturkreis«. Die von einigen Islamisten verübten Terroranschläge auf das New Yorker World Trade Center am 11. September 2001 wurden als Erfüllung von Huntingtons düsterer Prophezeiung empfunden. Viele Amerikaner fühlten sich in ihrer Ur-Angst vor dem *enemy within* bestätigt.

Der amerikanische Präsident George W. Bush reagierte, indem er dazu aufrief, einen zunächst sogar als *crusade* bezeichneten *war on terror* gegen die gesamte *axis of evil* zu führen, wozu nicht nur islamistische Terrorgruppen vom Schlage Al Qaidas, sondern alle islamischen Staaten gerechnet wurden, die diese islamistischen Terroristen in direkter und indirekter Weise unterstützten. Der Angriff auf das keineswegs islamistische, sondern von der nationalistischen Baath-Partei geleitete Regime Saddam Husseins im Irak wurde dann mit derartigen sowohl politischen wie auch religiösen Motiven begründet. Bei dem heute noch nicht beendeten Krieg in Afghanistan war es ebenso.

Mit dem Hinweis auf den *war on terror* sind in den USA einige demokratische Rechte in einer bisher nie dagewesenen Weise eingeschränkt worden. Einige Beobachter fühlten sich an die Zeiten McCarthys erinnert. Andererseits verweigerten immer mehr Amerikaner Präsident Bush die Gefolgschaft in seinem antiislamistischen Kampf gegen die neue *axis of evil* – genau wie sie auch seinem Vorgänger Reagan die Gefolgschaft im antikommunistischen Kampf gegen das alte *empire of evil* verweigert haben. Viele wählten Barack Obama, weil sie hofften, dass dieser den Kampf gegen das nun nicht mehr kommunistische, sondern islamistische »Reich des Bösen« einstellen und im Innern die zu diesem Zweck eingeschränkten demokratischen Rechte wiederherstellen würde. Leider sind sie in dieser Hoffnung getrogen worden. Die Geschichte des Antiislamismus, der an die Stelle des Antikommunismus getreten ist, geht weiter. Ein Ende ist nicht abzusehen.

3. Europa

3.1 *L'opium des intellectuels*

L'opium des intellectuels – Opium für Intellektuelle – war der Titel eines Buches, das der französische Liberale Raymond Aron im Jahr 1955 veröffentlichte.[221] In ihm hat Aron die französischen Intellektuellen kritisiert, weil sie die Verbrechen des Stalinismus nicht sehen und verurteilen würden. Diese Kritik war berechtigt. Für viele französische Intellektuelle war der zwei Jahre zuvor gestorbene Stalin immer noch ein Held und kein Verbrecher. Aron ging es aber gar nicht nur um die Kritik des Stalinismus, sondern auch um die des Kommunismus, der für die französischen Intellektuellen zu einer »weltlichen Religion« geworden sei, die ihre »Suche nach Weltanschauung« befriedige. Dieser Religion müssten sie abschwören und sich endlich zum antikommunistischen Zeitgeist bekennen.

Doch das wollten die angesprochenen französischen Intellektuellen nicht. Für ihre Weigerung, die kommunistische durch eine antikommunistische Ideologie zu ersetzen, gab es gute Gründe. Denn die Geschichte des Antikommunismus in Frankreich begann mit einem Verbrechen, dem etwa 30 000 tatsächliche oder auch nur vermeintliche Kommunisten zum Opfer fielen. Die Rede ist von der Zerschlagung der Pariser Kommune von 1871 durch Truppen der gerade gebildeten III. französischen Republik.[222] Bei dieser Kommune handelte es sich um eine Pariser Kommunalregierung, die mehr wegen ihres Namens als ihrer tatsächlichen Politik von Freund und Feind als eine kommunistische Herrschaftsform angesehen wurde. Friedrich Engels wollte in ihr sogar das Vorbild der »Diktatur des Proletariats« erkennen. Doch dies rechtfertigte natürlich nicht den Mord an ihren Anhängern und Mitgliedern. Dieses antikommunistische Massaker ist von den meisten französischen Intellektuellen immer verurteilt und niemals vergessen worden. Die Niederschlagung der Pariser Kommune – und nicht etwa ihre kommunistische Ideologie oder, wie Aron meinte, ihre »weltliche Religion« – hat sie gegen die Ideologie des Antikommunismus immunisiert. Darin haben sie sich von den deutschen Intellektuellen unterschieden, die aber längst nicht so bedeutsam und politisch einflussreich waren wie die französischen, die in Frankreich häufig ehrfurchtsvoll als »Meisterdenker« bezeichnet wurden.

Anders als in Deutschland ist es in Frankreich auch nicht zu einer Verbindung der Ideologie des Antikommunismus mit der des Antisemitismus gekommen. Anlass war die Dreyfus-Affäre, welche die französischen Intellektuellen in ihrem Misstrauen gegenüber dem Antikommunismus bestärkt und zugleich von ihren vorher durchaus vorhandenen antisemitischen Ressentiments geheilt hat.[223]

1894 wurde ein Hauptmann der französischen Armee namens Alfred Dreyfus von einem Militärgericht wegen Spionage für den deutschen »Erbfeind« zu einer lebenslangen Haftstrafe verurteilt, die er auf der Teufelsinsel bei Cayenne abbüßen sollte. Dreyfus' Verurteilung und öffentliche Degradierung riefen in Frankreich ein überaus großes öffentliches Echo hervor. Grund dafür war nicht sein vermeintliches Verbrechen, an dem zunächst kaum jemand zweifelte, sondern Dreyfus' jüdische Herkunft. Antisemiten nahmen sie zum Anlass, um den Juden generell verbrecherische Absichten und eine antifranzösische Haltung vorzuwerfen. Einen derartigen offenen Antisemitismus hatte es in Frankreich bis dahin nicht gegeben.

Das entsetzte einige vornehmlich linke Intellektuelle und veranlasste sie, der Frage nachzugehen, ob sich Dreyfus wirklich schuldig gemacht hatte. Bald fanden sie heraus, dass dies keineswegs der Fall war und dass für seine Verurteilung auch antisemitische Motive maßgebend gewesen waren. Die Parteinahme für Dreyfus brachte diesen linken und verächtlich als »Dreyfusards« bezeichneten Intellektuellen den Vorwurf ein, philosemitisch und prokommunistisch gesinnt zu sein. Doch das schreckte die so Angegriffenen und Verleumdeten nicht davon ab, die Unschuld Dreyfus' zu beweisen und die an die Adresse der französischen Juden und Linken gerichteten Schuldvorwürfe zurückzuweisen. Dreyfus wurde freigesprochen und 1906 sogar wieder in allen Ehren in die französische Armee aufgenommen. Vier Jahre zuvor hatte die französische Linke die Parlamentswahlen gewonnen.

Die Erfolge der »Dreyfusards« und der Linken verängstigten die Rechten und radikalisierten sie zugleich. Dies führte zur Gründung einer neuen Partei, die zunächst Comité d'Action française und später nur Action française genannt wurde. In dieser von Charles Maurras gegründeten und angeführten Partei haben spätere Historiker die erste Erscheinungsform des Faschismus sehen wollen.[224] Diese Einschätzung ist umstritten, trifft aber unzweifelhaft auf die verschiedenen »Ligen« zu, die, angeregt durch Maurras' Action française, vor und nach dem Ersten Weltkrieg entstanden.[225]

Diese untereinander zerstrittenen und nicht vereinten faschistischen Parteien fanden schon in den 20er Jahren einen großen Zulauf, der sich nach dem Ausbruch der Weltwirtschaftskrise noch verstärkte und sie 1934 veranlasste, nach der ›Macht zu greifen‹. Doch der zu diesem Zweck geplante und auch bereits gestartete Sturm auf das französische Parlament wurde von den französischen Antifaschisten abgewehrt. Die sich bisher gegenseitig bekämpfenden Sozialisten und Kommunisten einigten sich und bildeten 1936 eine gemeinsame antifaschistische »Volksfront«-Regierung.

Die Bildung der »Volksfront« wurde von großen Teilen der Arbeiterschaft und der Intellektuellen begrüßt. Der Antifaschismus einte fast alle, machte einige aber blind für die Tatsache, dass er von den Kommunisten und nicht zuletzt von der Sowjetunion unter Stalin für andere politische Ziele instrumentalisiert und zur Legitimation der von Stalin und den ihm hörigen Kommunisten begangenen Verbrechen missbraucht wurde. Gemeint sind die als »Säuberung« bezeichnete Verfolgung und Ermordung der als »faschistisch« denunzierten innerparteilichen Gegner Stalins sowie die 1936 einsetzende Verfolgung und Ermordung der anarchistischen, sozialistischen und (angeblichen) trotzkistischen Antifaschisten im republikanischen Spanien durch von Stalin entsandte Geheimpolizisten und Mitglieder der Kommunistischen Partei Spaniens.

All das wollten viele französische Intellektuelle einfach nicht wahrhaben. Diejenigen, die wie der Engländer George Orwell, der Ungar Arthur Koestler, der Deutsche Alfred Kantorowicz, der Österreicher Manès Sperber und viele andere Ex-Linke auf diese Verbrechen aufmerksam machten, wurden mit dem kommunistischen Schimpfwort »Renegat« belegt und totgeschwiegen.[226] Dies galt auch und vor allem für den ursprünglich aus Russland stammenden Boris Souvarine, der zu den Mitbegründern der französischen KP gehört und einige Jahre das Moskauer Sekretariat der Kommunistischen Internationale geleitet hatte, bis er wegen seiner Parteinahme für Trotzki aus der KP ausgeschlossen wurde. Seine 1935 in erster und 1940 in zweiter, erweiterter Auflage publizierte kritische Stalin-Biografie wurde trotz oder gerade wegen ihrer materialreichen Kritik einfach nicht zur Kenntnis genommen.[227]

Das französische Totschweigen der »Renegaten« und das Verschweigen der stalinistischen Verbrechen geschah aber nicht vornehmlich deshalb, weil die französischen Intellektuellen vom »Opium« des Kommunismus berauscht waren. Es geschah vielmehr im Geiste eines Antifaschismus, der sicherlich fehlerhaft, grundsätzlich aber richtig war. Dies zeigte sich gerade in Frankreich, wo es nach dem Überfall durch das faschistische Deutschland zur Bildung eines ebenfalls als faschistisch einzuschätzenden Kollaborationsregimes unter Führung des Helden und Marschalls des Ersten Weltkrieges, Henri Philippe Pétain, kam.

Den französischen Antifaschisten waren damit zwei Aufgaben gestellt. Sie mussten sowohl das faschistische deutsche Besatzungsregime als auch das faschistische französische Kollaborationsregime bekämpfen. Getan haben sie beides nicht. Jedenfalls zunächst nicht. Dem Aufruf des ins englische Exil gegangenen Führers des »Freien Frankreichs«, General Charles de Gaulle, Widerstand zu leisten, wurde kaum Folge geleistet – auch von den Kommunisten nicht. Denn die befolgten wieder einmal den Befehl des 1940 faktisch noch mit Hitler verbündeten Stalin, den antifaschistischen Kampf einzustellen. Das war wahrlich kein Ruhmeszeichen in der Geschichte der Kommunistischen Partei Frankreichs.

Rühmenswert war jedoch ihre Beteiligung an der französischen Résistance nach dem Überfall der deutschen Wehrmacht auf die Sowjetunion. Dies hat ihr Respekt bei den Antifaschisten proletarischer und bürgerlicher Herkunft eingetragen. Bei Letzteren auch deshalb, weil sich ihre bürgerlichen Klassengenossen weit weniger am Widerstand gegen das faschistische Besatzungsregime beteiligten. Nicht wenige von ihnen kollaborierten sogar mit ihm. Offene Unterstützung erfuhr das faschistische Pétain-Regime – nicht trotz, sondern wegen dessen antikommunistischer und antisemitischer Einstellung und Politik. Das bekamen die französischen und die nach Frankreich geflohenen ausländischen Juden zu spüren. Sie wurden von den Angehörigen der faschistischen Parteien und der französischen Polizei gnadenlos verfolgt und an die deutschen Behörden ausgeliefert, die sie dann nach Osten in die Vernichtungslager deportierten.

Dieses wohlgemerkt französische Verbrechen war den französischen Kommunisten nun wirklich nicht anzulasten. Das taten auch die Rechten nicht, und die Linken zeigten sich mehr als geneigt, von den sonstigen Verbrechen der Kommunisten abzusehen und sie stattdessen wegen ihrer unzweifelhaften Verdienste im antifaschistischen Befreiungskampf für die und innerhalb der Résistance zu loben. In Anerkennung dieser Verdienste wurde die PCF in die nach der Befreiung Frankreichs gebildete Regierung der nationalen Einheit aufgenommen. Bei den Parlamentswahlen von 1946 gewann die PCF 28,6 Prozent der abgegebenen Stimmen. Damit war sie zur stärksten Partei Frankreichs geworden.

Der Aufstieg der mit der ebenfalls kommunistisch orientierten Gewerkschaft CGT eng verbundenen Kommunistischen Partei Frankreichs beunruhigte die gesamte westliche Welt, die unter Führung und auf Anweisung der USA damit begonnen hatte, das scheinbar unaufhaltsame weltweite Vordringen des Kommunismus einzudämmen.[228] Im Zuge dieser *containment*-Politik wurde den Regierungen aller europäischen Staaten mit dem Marshall-Plan finanzielle Hilfen zugesichert. Dies aber nur, wenn sie sich dazu bereiterklärten, eine liberale und auf dem Prinzip des Freihandels basierende Wirtschafts- und eine betont antikommunistische Außen- und Innenpolitik zu verfolgen. Während alle schon weitgehend kommunistisch gewordenen osteuropäischen Staaten beides ablehnten, akzeptierten alle noch demokratischen westeuropäischen Staaten die Bedingungen der USA. Sie nahmen die Gelder des Marshall-Plans an, stellten sich im ausbrechenden Kalten Krieg auf die Seite der USA und folgten deren antikommunistischen Anweisungen im außen- und innenpolitischen Bereich.

In Frankreich war dies aber umstritten. So gern man die amerikanischen Gelder des Marshall-Plans annahm, so sehr scheute man davor zurück, sich der amerikanischen Führungsmacht auch in politischer Hinsicht zu beugen. Dafür waren nationalistische Motive der *grande nation* und gewisse antiamerikanische Ressentiments verantwortlich. Bei vielen der ebenfalls ziemlich nationalistisch und vehement antiamerikanisch eingestellten französischen Intellektuellen kamen noch die schon erwähnten Sympathien für den Kommunismus hinzu.

Die PCF wusste dies und nutzte es für ihre Politik aus. Zunächst erfolgreich. Ihre innenpolitische Bekämpfung der konkurrierenden Sozialistischen Partei wurde ebenso wenig kritisiert wie ihre absolute und uneingeschränkte Parteinahme für die Sowjetunion und die anderen Staaten des Ostblocks, wo alle demokratischen Regungen unterdrückt und alle Aufstände blutig niedergeschlagen wurden. Die schon vorher von Stalin begangenen Verbrechen wurden weiterhin verschwiegen und geleugnet – auch noch nach Stalins Tod im Jahr 1953 und ihrer (partiellen) Aufdeckung durch dessen Nachfolger Chruschtschow auf dem XX. Parteitag der KPdSU im Jahr 1956.

Die immer noch gänzlich stalinistisch strukturierte und von stalinistischen Apparatschiks angeführte PCF weigerte sich auch weiterhin zuzugeben, dass Stalin ein Verbrecher gewesen ist. In dieser Realitätsverweigerung wurde die PCF immer noch von einigen französischen Intellektuellen unterstützt. Unter ihnen waren so bekannte und berühmte Figuren wie Louis Aragon, Paul Éluard, Max Gallo, Yves Montand und Jean-Paul Sartre.

Erst Ende der 70er Jahre kam es zu einem Umdenken. Anlass war die 1974 erfolgte Veröffentlichung des autobiografischen Berichts von Alexander Solschenizyn über seine Erlebnisse im *Achipel Gulag*.[229] Solschenizyns auch in anderen westlichen Ländern vielbeachtetes Buch rief bei den französischen Linken einen wahren Schock hervor – obwohl die von Solschenizyn geschilderten Verbrechen in ihren Grundzügen wenigstens in der sonstigen westlichen Welt bereits bekannt waren. In Frankreich wurden sie jedoch erst jetzt zur Kenntnis genommen. Erst in der Folge des »Gulag-Schocks« kam es auch in Frankreich zur Entstehung eines Antikommunismus, der vor allem von Linken oder Ex-Linken vertreten und verkündet wurde.

Den Anfang machte der damals noch als links geltende André Glucksmann, der zwei Jahre nach Erscheinen von Solschenizyns *Archipel Gulag* ein Buch über die *Beziehung zwischen Staat, Marxismus und Konzentrationslager* veröffentlichte.[230] In diesem sowie in weiteren Büchern führte Glucksmann die »katastrophalen« Handlungen der Kommunisten des 20. Jahrhunderts auf das »falsche Denken« der »klassischen Morallehrer« zurück, womit Marx und andere »Aufklärungsdenker« gemeint waren.[231] Das war nicht gerade originell und insgesamt völlig falsch.

Erst Ende der 70er Jahre wurden in Frankreich auch die westlichen Totalitarismustheorien, die vor und nach dem Zweiten Weltkrieg von einigen sozialdemokratischen Theoretikern, amerikanischen Politikwissenschaftlern und schließlich von

Hannah Arendt sowie Carl Joachim Friedrich und Zbigniew Brzezinski entwickelt worden waren, rezipiert.[232] Bis dahin waren sie von den französischen Intellektuellen als amerikanisch und antikommunistisch angesehen und zugleich abgelehnt worden. Diese breite französische Abwehrfront hatte auch Raymond Aron nicht durchbrechen können, der nach seiner Intellektuellenschelte in *L'opium des intellectuels* im Jahr 1965 ein Buch über *Démocratie et totalitarisme* veröffentlichte.[233] Darin stellte Aron den »Mehrparteiensystemen« in den Demokratien, die Aron die »begrenzten« Staaten nannte, die »Einparteiensystemen« in den »totalen« Staaten gegenüber.[234] Zu diesen »Einparteiensystemen« zählte Aron sowohl faschistische wie auch kommunistischen Staaten.[235] Sie seien den demokratischen »Mehrparteiensystemen« unterlegen, weshalb sich die demokratischen Staaten gegenüber den totalitären letztlich durchsetzen würden.

Dieser Optimismus Arons wurde jedoch von Jean-François Revel nicht geteilt, der 1976 nicht nur den französischen, sondern den westlichen Intellektuellen generell vorwarf, der »totalitären Versuchung« erlegen zu sein.[236] Dies führte Revel in vulgärpsychologischer Manier auf gewisse sadomasochistische Neigungen dieser Linken zurück, die ein »uneingestandenes Verlangen« hätten, »im stalinistischen System zu leben«, entweder um ihre »Neigung zu befriedigen, Gewaltherrschaft auszuüben«, oder um ihr »Bedürfnis« zu stillen, »sich der Knechtschaft zu unterwerfen«.[237] Verbunden waren Revels hysterische Warnungen vor dem Kommunismus, der bei einer Fortführung der westlichen Entspannungspolitik unweigerlich siegen würde,[238] mit einer mehr als bemerkenswerten Verharmlosung der faschistischen Parteien und Regime in Gegenwart und Vergangenheit.

Ähnliches gilt für die Kommunismuskritik des Ex-Kommunisten François Furet, der 1996 ein Buch über den *Kommunismus im 20. Jahrhundert* veröffentlichte.[239] In ihm bezeichnet Furet den Kommunismus als »Illusion« und verkündet froh und stolz zugleich dessen »Ende«. Das Buch enthält viele sachliche Fehler, auf die hier nicht näher eingegangen werden soll. Handelte es sich doch bei Furet um einen, wie er selbst freimütig einräumte, »Neuling auf dem Gebiet der Geschichte des 20. Jahrhunderts«[240]. Furets Spezialgebiet war die Französische Revolution, über die er einige sehr gute und auch vielgelobte Studien verfasst hatte.[241]

Furets Kommunismus- oder besser: Antikommunismus-Buch besteht aus drei Teilen: erstens aus einem geistesgeschichtlich orientierten Abriss der Entwicklung des Kommunismus, der zweitens mit einer Abrechnung mit den prokommunistischen Illusionen verschiedener, vornehmlich französischer Intellektueller verbunden ist, was schließlich drittens zu einem vehementen Plädoyer für die Totalitarismustheorie führt.

Der erste Teil ist alles andere als originell. Basiert Furets Darstellung der Geschichte des Kommunismus doch auf den bekannten Standardwerken von Kolakowski über den Marxismus sowie von Conquest, Fainsold, Malia, Pipes und Schapiro über den Aufstieg und Untergang des Kommunismus in Russland. Auch die Kritik an der kommunistischen Einstellung vieler französischer Intellektueller war nicht neu und zudem auch nicht tiefschürfend. Neu, aber keineswegs überzeugend war, dass Furet auch den Antifaschismus als rein kommunistisches Ideologieprodukt bezeichnete, das wesentlich für die »Anziehungskraft des Kommunismus der Nachkriegszeit« verantwortlich gewesen sei und zugleich die »Kontinuität des totalitären Regimes« in der Sowjetunion gewährleistet habe.[242]

Kritikwürdig ist die von Furet favorisierte Totalitarismustheorie, weil sie nicht auf einem Vergleich, sondern auf einer weitgehenden Gleichsetzung von Faschismus/Nationalsozialismus und Bolschewismus basiert. Wenn er dann noch behauptet, dass der Faschismus eigentlich nur eine »Reaktion auf den Kommunismus« gewesen sei,[243] dann erinnert dies sehr an die Thesen Ernst Noltes, was Furet auch gar nicht bestreitet.[244] Stattdessen lobt er Nolte ausdrücklich, weil dieser das (niemals und nirgendwo existierende!) »Verbot eines Vergleichs von Kommunismus und Nazismus durchbrochen« und bewiesen habe, dass »Hitlers Machtübernahme durch den vorangehenden Sieg des Bolschewismus und durch das Gegenbeispiel der puren Gewalt, die Lenin zum Regierungssystem erhoben hat, bedingt« gewesen sei.[245]

Zu kritisieren ist auch Furets Gleichsetzung des nationalsozialistischen Rassenmordes mit dem kommunistischen ›Klassenmord‹: »Stalin bringt im Namen des Kampfes gegen das Bürgertum Millionen von Menschen um, Hitler rottet im Namen der Reinheit der arischen Rasse Millionen von Juden aus.«[246] Darüber hinaus reduziert Furet den nationalsozialistischen Antisemitismus auf seine vorgebliche Funktion, wenn er meint, dass »der Jude (...) die Inkarnation der beiden Feinde des Nationalsozialismus, des Bürgers und des Bolschewiks« gewesen sei.[247] Die Juden wurden aber als Juden und nicht als »Inkarnation« von irgendetwas anderem ermordet. Außerdem wurden »im Namen der Reinheit der arischen Rasse« keineswegs nur Juden ermordet. Doch die anderen Opfer des nationalsozialistischen Rassismus erwähnt Furet nicht.[248] Für die Opfer des antikommunistisch-antisemitisch motivierten Vernichtungskrieges gegen die Sowjetunion hegt er schon gar keine Sympathie. Den Überfall Hitler-Deutschlands auf die Sowjetunion kommentiert er mit folgendem Satz: »Durch den Überfall vom 22. Juni 1941 aber wird der Henker zum Opfer.«[249] So weit darf die Kommunismuskritik wirklich nicht gehen.

Die Grenze zwischen einem noch zu tolerierenden und einem fanatischen und mit antisemitischen Verschwörungsideologien vermengten Antikommunismus ist dann in dem bereits erwähnten, von Stéphane Courtois herausgegebenen *Schwarzbuch des Kommunismus* überschritten worden.[250]

Hier ist nicht der Ort, um im Einzelnen auf die – sehr unterschiedlichen – Beiträge dieses Sammelbandes einzugehen. Wichtig ist seine zentrale These: Das Buch behauptet die Gleichartigkeit von Marxismus und Rassismus bzw. – wie es Stéphane Courtois ausgedrückt hat – von »socio-historischem Szientismus« und »biologistischem Szientismus«, die zu einem »Rassen-Genozid« einerseits, einem »Klassen-Genozid« andererseits geführt hätten. Dabei seien dem »Klassen-Genozid« jedoch viermal mehr Menschen zum Opfer gefallen als dem »Rassen-Genozid«. Dies wurde mit methodisch mehr als fragwürdigen Aufrechnungen begründet, wobei Courtois die Zahl der Opfer des Kommunismus schließlich auf 100 Millionen erhöht, die des Nationalsozialismus dagegen mit 25 Millionen angibt.[251] Der Sinn dieser Zahlenspielereien liegt auf der Hand: Der Kommunismus soll viermal schlimmer gewesen sein als der Faschismus.

Zudem unterstellt Courtois der »internationalen jüdischen Gemeinde«, nur die Erinnerung an den jüdischen Völkermord wachgehalten, den Opfern des Kommunismus dagegen »jegliche Erinnerung oder Rehabilitationsforderung verboten« zu haben: »Im Unterschied zur jüdischen Tragödie – die internationale jüdische Gemeinde hält die Erinnerung an den Völkermord wach – war es den Opfern des Kommunismus und ihren Angehörigen lange verwehrt, das Gedächtnis des tragischen Geschehens in der Öffentlichkeit zu pflegen, da jegliche Erinnerung oder Rehabilitationsforderung verboten war.«[252] Diese antisemitische Verschwörungsideologie führt Courtois in einem Interview mit der französischen Zeitschrift *Diagonales Est-Ouest* noch weiter aus. Darin wirft er einer ominösen »Fraktion der jüdischen Gemeinschaft« vor, ihn angegriffen zu haben, weil sie die »moralischen und oft politischen Privilegien ihres Monopols auf das Verbrechen gegen die Menschlichkeit« nicht verlieren möchte.[253] Das ist Antisemitismus pur – genauer das, was Adorno »sekundären Antisemitismus« genannt hat: Antisemitismus nicht trotz, sondern gerade wegen des Holocaust.

Das *Schwarzbuch des Kommunismus* wurde hier deshalb so ausführlich besprochen und kritisiert, weil es zeigt, dass sich auch im intellektuellen Frankreich die Ideologie des Antikommunismus verbreitet hat – und dies erstaunlicherweise stärker nach als vor dem Untergang des (europäischen) Kommunismus. Nicht nur erstaunlich, sondern scharf zu kritisieren ist, dass die Ideologie des Antikommunismus auch in Frankreich mit der des Antisemitismus verbunden worden ist.

Zum Antisemitismus kommt der Antiislamismus, der aber mehr bei der französischen Rechten als der Linken anzutreffen ist (und im *Schwarzbuch* überhaupt noch nicht zu finden war). Beide Ideologien – die des Antisemitismus und des Antiislamismus – sind aber kaum noch mit der des Antikommunismus verbunden; sie scheinen ihn sogar verdrängt zu haben. Dass dies keineswegs nur in Frankreich der Fall ist, kann uns weder trösten noch optimistisch stimmen.

3.2 »Slavo-comunista«

»Slavo-comunista« oder »slavisch-kommunistische Barbarei« ist ein italienisches Schlagwort, das auch heute noch bekannt und gebräuchlich ist.[254] Entstanden ist es kurz nach dem Ende des Ersten Weltkrieges, als Italien sein Staatsgebiet im Nordosten um Teile Venetiens und Istriens erweitern konnte. Die dort lebenden Slowenen und Kroaten wurden unterdrückt und gewaltsam italienisiert.[255] Als sie sich dagegen wehrten, wurden ihnen nationalistische Motive und prokommunistische Neigungen unterstellt. Damit wurde die ethnische Auseinandersetzung ideologisiert und der auch in Italien um sich greifende Antibolschewismus ethnisiert.

Die gerade von Mussolini gegründeten Kampfbünde *(fasci di combattimento)* mischten sich ein und führten ihre ersten sogenannten Strafexpeditionen gegen Sozialisten und »slavische Kommunisten« durch.[256] Mussolini begründete dies mit der Behauptung, dass es sich bei diesen Slaven um Angehörige einer »minderwertigen und barbarischen Rasse« handele, gegenüber der man »keine Politik des Zuckerbrotes, sondern eine der Peitsche betreiben« müsse.[257] Der Squadristenführer und spätere *ras* (Führer) von Cremona, Roberto Farinacci, rechtfertigte den frühen faschistischen Terror gegenüber den Slowenen und Kroaten mit der Bemerkung, dass dies aus »Empörung gegen den Übermut der Slaven« geschehen sei, die alle Italiener hassen würden.[258]

Dass dies Unsinn war, scheinen auch die Faschisten selbst eingesehen zu haben. Jedenfalls haben sie ihren weiteren Terror nicht mehr mit antislavischen, sondern ausschließlich mit antikommunistischen Motiven begründet. Dabei wandten die *squadristi* ähnlich wie die späteren SA-Männer fast unbeschränkte Gewalt gegen ihre kommunistischen Gegner an – unter stillschweigender Duldung des Staates und mit offener Billigung der italienischen Industriellen und Großagrarier. Hatten die sich doch in ihren sozialen Besitzständen durch die Streiks sowie die Fabrik- und Landbesetzungen seitens der Industrie- und Landarbeiter bedroht gesehen.

Diese sozialen Unruhen hatten im Jahr 1920 ein Ausmaß erreicht, das an die Verhältnisse in Russland vor der bolschewistischen Revolution erinnerte. Doch Italien befand sich keineswegs, wie einige Linke hofften und Rechte befürchteten, in einer revolutionären Situation. Und wenn, dann wurde sie durch den schrankenlosen Terror der Faschisten schnell beseitigt, gegen den sich die italienischen Kommunisten, aber auch die ebenfalls verfolgten Sozialisten und Mitglieder der Volkspartei der Popolari kaum wehren konnten. Auch darin unterschied sich Italien ganz wesentlich vom revolutionären Russland. Der Antikommunismus war nicht nur bei den Faschisten weit verbreitet, sondern auch bei Konservativen und Liberalen, die dem antikommunistischen Feldzug der Faschisten zustimmend zusahen, wenngleich nur aus antikommunistischen und kaum aus antisemitischen Motiven.

Denn der Antisemitismus war in Italien relativ gering ausgeprägt[259] – jedenfalls im Vergleich zu Italiens Nachbarländern Deutschland und Österreich. Dies lag daran, dass die sehr kleine, nur 48 000 Personen zählende, jüdische Minderheit in Italien vollständig assimiliert und sowohl rechtlich wie auch sozial in die Mehrheitsgesellschaft integriert war. Eine nennenswerte Zuwanderung von Juden aus anderen Ländern, insbesondere aus dem »Osten«, gab es ebenfalls nicht. Von einer »jüdischen Frage« *(questione ebraica)* konnte in Italien nicht die Rede sein.

Sie wurde von den Faschisten zunächst auch nicht aufgegriffen und thematisiert. Dies erklärt, dass sich auch einige Juden unter den frühen Mitgliedern der National-Faschistischen Partei (PNF) befanden. Insgesamt sollen es 590 gewesen sein.[260] Doch das hat den italienischen Faschismus nicht gehindert, eine sowohl antikommunistische wie schließlich auch offen antisemitische Politik zu betreiben.

Allerdings geschah dies getrennt und zeitlich versetzt. Der Kampf gegen die italienischen Kommunisten (aber auch gegen die Sozialisten und die katholische Volkspartei der Popolari) kennzeichnete die Aufstiegs- und die bis 1926/29 andauernde ›Machtergreifungs‹-Phase des italienischen Faschismus und endete mit einem fast total zu nennenden Sieg. Die Organisationen der kommunistischen Partei Italiens wurden zerschlagen, ihre Führer in die Emigration getrieben oder zu langjährigen Zuchthausstrafen verurteilt und auf abgelegene Inseln verbannt.

Mit der Verfolgung der italienischen Juden wurde erst 1938 begonnen. Legitimiert wurde sie durch einige Rassengesetze, die zuvor in den italienischen Kolonien erlassen worden waren, um dann auf das Mutterland übertragen und auch auf die italienischen Juden angewandt zu werden. Begründet wurde dies mit rassistischen und keineswegs antikommunistischen Erwägungen und Ressentiments. Anders als im nationalsozialistischen Deutschland ist es im faschistischen Italien nicht zu einer so untrennbaren Verbindung von Antisemitismus und Antikommunismus gekommen.

Das überrascht. Hatte doch Mussolini in seinen Reden und Schriften mehrmals auf die jüdische Herkunft der führenden Bolschewisten verwiesen.[261] 1937 war er dem »Antikominternpakt« beigetreten, und 1941 hatte er sich schließlich auch am Überfall auf die Sowjetunion beteiligt, ohne dies jedoch mit der nationalsozialistischen Propagandaformel vom »jüdischen Bolschewismus« zu begründen. Das änderte sich in der letzten und zugleich auch brutalsten Phase in der Geschichte des italienischen Faschismus.

Sie begann 1943 mit der Befreiung des bereits gestürzten Mussolini durch deutsche Truppen. Hitler machte Mussolini daraufhin zum Chef der nach seiner Residenz am Gardasee benannten Republik von Salò,[262] die sich durch eine ideologische Rückwendung zu den sozialistischen oder besser: pseudosozialistischen Ursprüngen des italienischen Faschismus auszeichnete. Diese Linkswendung war jedoch mit einer Radikalisierung des Antikommunismus und Antisemitismus verbunden. Der italienische Faschismus entfaltete nun vollends seine grausamen und destruktiven Züge. Betroffen waren neben Kommunisten vor allem Juden, die an den nationalsozialistischen Bündnispartner zum Zwecke der Vernichtung ausgeliefert wurden.[263] Dies war den italienischen Faschisten durchaus bekannt und wurde auch von ihnen so gewollt.

Mit äußerster Grausamkeit haben die italienischen Faschisten ihre politischen Gegner, vor allem im kommunistischen Lager, verfolgt. Begründet wurde dies ebenfalls mit sowohl antikommunistischen wie auch antisemitischen Ressentiments. Mussolini und seine Faschisten waren ganz offensichtlich bei ihren einstigen deutschen Schülern in die Lehre gegangen. Und wer sich weigerte, am »Vernichtungskampf« gegen den »jüdisch-bolschewistischen Erbfeind« teilzunehmen, der bekam die kompromisslose Härte des einstigen Achsenpartners zu spüren. Dies traf insbesondere auf die italienischen Soldaten zu, die gnadenlos verfolgt und vielfach ermordet wurden, wenn sie sich nicht dazu bereiterklärten, weiter gegen die Sowjetunion zu kämpfen.

Die italienischen Antifaschisten, in deren Reihen jetzt auch viele Juden kämpften, reagierten auf die von den Deutschen und den italienischen Faschisten begangenen Verbrechen mit äußerster Härte und Entschlossenheit. Der antifaschistische Befreiungskampf nahm Züge eines Bürgerkrieges an, der von beiden Seiten ideologisch begründet wurde, was die wiederum von beiden Seiten begangenen Grausamkeiten erklärt. Die mentalitätsgeschichtlichen Folgen dieses *guerra civile*, wie er jetzt offen genannt wird, sind bis heute zu spüren.

Überdeckt und verdrängt wurden sie jedoch lange Zeit durch einen mythisierten und vielfach nachgeholten Antifaschismus.[264] Dabei wurden Ausmaß und reale Bedeutung der *resistenza* maßlos übertrieben. Dies wird mit dem trefflichen italienischen Witz karikiert, wonach Italien eigentlich 80 Millionen Einwohner zähle. Kämen doch zu den 40 Millionen Faschisten vor 1943 noch 40 Millionen Antifaschisten nach dem Sturz Mussolinis hinzu. Erst in den 80er Jahren hat man damit begonnen, den *resistenza*-Mythos infrage zu stellen.

Diese zweifellos notwendige und berechtigte Entmythologisierung des Antifaschismus führte jedoch bei einigen zu einer Mythologisierung und Relativierung des Faschismus. Ähnlich wie in Deutschland wurde auch in Italien behauptet, dass der Faschismus doch eigentlich »nicht so schlimm« gewesen sei. Auf jeden Fall nicht so schlimm wie der Nationalsozialismus. Diese Weißwäscherei der in Italien nicht braunen, sondern (wegen der Farbe der faschistischen Parteiuniform) schwarzen Zeit ist zu kritisieren und als eine Form des Revisionismus zu brandmarken. Dennoch besteht kein Zweifel daran, dass der Holocaust wenn schon nicht ein »deutsches«, wie Daniel Goldhagen meinte, so doch zumindest ein nationalsozialistisches »Produkt« gewesen ist. Dies ist wiederum kein Grund, die italienische Rassen- und auch Judenpolitik in irgendeiner Weise zu verharmlosen, wie es vielerorts und keineswegs nur in Italien geschehen ist und wofür der Antikommunismus zumindest mitverantwortlich war. Auch Italien hat so etwas wie eine »unbewältigte Vergangenheit«.

Aus Angst vor dem weltweiten Kommunismus ist Italien der NATO beigetreten und hat die von den USA geforderte und betriebene Politik der antikommunistischen »Eindämmung« mitgetragen – keineswegs nur auf Druck der USA,[265] sondern auch, ja vielleicht vor allem aus innenpolitischen Erwägungen. Anders als in der Bundesrepublik hat es nämlich in Italien eine äußerst starke und lange Zeit unbeirrt stalinistisch orientierte Kommunistische Partei gegeben. Ihr stand die ebenfalls völlig unbeirrte und dezidiert antikommunistische Democrazia Cristiana (DC) gegenüber, die fast alles versuchte, um die – allerdings parlamentarische – ›Machtergreifung‹ der italienischen Kommunisten zu verhindern.[266] Dennoch ist die DC niemals der Versuchung erlegen, den Kommunismus als »jüdisch« zu konnotieren, und sie hat sich insgesamt auch immer an die demokratischen Spielregeln gehalten. Schließlich machte die DC sogar Anstalten, auf die Angebote der eurokommunistisch gewandelten Partito Comunista Italiano (PCI) zur Schließung eines Bündnisses einzugehen.

Doch zu diesem »historischen Kompromiss« zwischen den Kommunisten und christdemokratischen Antikommunisten ist es dann nicht mehr gekommen, weil die durch und durch korrupte und von Skandalen erschütterte DC fast völlig von der politischen Landkarte Italiens verschwand. Bis auf einen kleinen stalinistisch gesinnten (und später auch ausgetretenen) Teil hat die PCI dagegen den Schock, den sie durch den glanz- und ruhmlosen Zerfall der Sowjetunion und des europäischen Kommunismus insgesamt erlitten hatte, überwunden und ist zu einem eher sozialdemokratisch ausgerichteten Partner des Linksbündnisses geworden, nachdem sie sich 1991 in Partito Democratico della Sinistra (Demokratische Partei der Linken) umbenannt hatte.

Dieses Linksbündnis wurde dann mehrmals von einer neuen Rechten unter Führung des Medienmoguls Silvio Berlusconi geschlagen, dem neben der als populistisch eingeschätzten Lega Nord auch die in Alleanza Nazionale umgetaufte neofaschistische Partei angehörte.[267] Selbstverständlich hat dies zu einer erneuten politischen Polarisierung geführt, wobei die Rechten um Berlusconi nicht müde wurden, die neue Linke mit den alten und schon fast vergessenen antikommunistischen Schlagworten zu attackieren und als antidemokratisch, weil letztlich noch kommunistisch, darzustellen.

Dabei hat sich vor allem der skandalumwitterte Berlusconi hervorgetan. Richter, die ihn wegen seiner vielen Verfehlungen endlich vor Gericht stellen wollten, bezichtigte er kommunistischer Neigungen. Den Kommunismus selbst hat er als das

»unmenschlichste Unternehmen der Geschichte« bezeichnet, denn dem kommunistischen »Klassenmord« seien weit mehr Menschen zum Opfer gefallen als dem faschistischen »Rassenmord«.[268] Die Dämonisierung des Kommunismus war mit einer Relativierung des Faschismus verbunden. Schließlich habe Mussolini auch »gute Dinge« getan.[269]

Zum Wiederaufleben des Antikommunismus hat auch die bereits erwähnte Auffindung der Leichen in den »foibe« genannten Erdhöhlen geführt. Die Ermordung der dort verscharrten Italiener wurde den inzwischen auch von der Bildfläche verschwundenen jugoslawischen Kommunisten vorgeworfen. Dies hat wiederum einige italienische »Heimatvertriebene« veranlasst, die Rückgabe der ehemals italienischen Gebiete Kroatiens und Sloweniens zu fordern. Italien scheint uns immer ähnlicher zu werden.

Dies trifft auch auf den italienischen Antiislamismus und Rassismus zu, der vor allem von Umberto Bossis Lega Nord vertreten und verbreitet wird und (wie in Deutschland) den Antikommunismus etwas verdrängt hat.

3.3 »Zydokomuna«

Das auch heute noch in Polen verbreitete Schlagwort von der »Zydokomuna« (Judenkommune) ist das polnische Pendant zum russischen »judobolseviszm« und zum deutschen »jüdischen Bolschewismus«; es unterstreicht, dass es auch in Polen zu einer engen Verbindung der Ideologien des Antikommunismus und des Antisemitismus gekommen ist.[270] Abgeleitet ist »Zydokomuna« von der französischen Kommune von 1871, die – wie erwähnt – von Engels als Vorbild der künftigen »Diktatur des Proletariats« gepriesen wurde, was Antikommunisten wiederum veranlasst hat, den Kommunismus und seine Anhänger als »die Kommune« zu bezeichnen.

Entstanden ist das Schlagwort »Zydokomuna« in der Zwischenkriegszeit, als sich der 1918 wieder entstandene polnische

Staat nicht ohne Grund von seinem bolschewistischen Nachbarn im Osten bedroht fühlte.[271] Polen hatte schließlich 1919 die Schwäche der gerade gegründeten Sowjetunion ausgenützt und sie überfallen. Dabei waren polnische Truppen bis Kiew vorgedrungen. Dort wurden sie jedoch von der Roten Armee unter Trotzki gestoppt und auf das polnische Staatsgebiet zurückgedrängt. Vor Warschau kam es zur Entscheidungsschlacht, die Polen mit französischer Hilfe gewann. Die Sowjetunion musste im Frieden von Riga 1921 zugunsten Polens auf große Teile der Ukraine und Weißrusslands verzichten – dies jedoch mehr als widerwillig und mit der offen bekundeten Absicht, diese Gebiete wiederzugewinnen. Entweder allein oder im Bündnis mit Deutschland. Aber nicht zusammen mit »jüdischen Kommunisten« außerhalb und innerhalb Polens.

Die auch in Polen vielfach als »jüdisch« wahrgenommenen Bolschewisten waren und fühlten sich als Bolschewisten und eben nicht als Juden. Dies traf auch auf die polnischen Kommunisten jüdischer Herkunft zu, von denen es zudem schon deshalb sehr wenige gab, weil es insgesamt nur wenige polnische Kommunisten gab.[272] Die Kommunistische Partei Polens war und blieb nämlich äußerst schwach. 1938 ist sie von Stalin wegen dieser ihrer Schwäche und gänzlichen politischen Erfolglosigkeit aufgelöst worden.

Vor den polnischen Kommunisten musste man sich wirklich nicht fürchten. Vor den polnischen Juden, deren Anteil an der Gesamtbevölkerung bei etwa zehn Prozent lag, auch nicht.[273] Die polnischen Juden waren zwar nicht so assimiliert wie ihre deutschen Glaubensbrüder, doch ihrem Staat genauso treu ergeben. Dennoch wurden sie bereits in der Zwischenkriegszeit diskriminiert und einem Sonderrecht unterworfen, was jedoch ausschließlich antisemitisch und nicht antikommunistisch motiviert war.

Das polnische Schlagwort von der »Judenkommune« hatte also einen noch geringeren Realitätskern als das deutsch-russische vom »jüdischen Bolschewismus«. Wieso wurde es dennoch geglaubt und warum konnte es sich verbreiten? Weil der

1897 im damals russischen Teilungsgebiet Polens gegründete Allgemeine Jüdische Arbeiterbund von Polen, Litauen und Russland von vielen Polen – und nicht nur von den ebenfalls zahlreichen Antisemiten unter ihnen – als kommunistisch wahrgenommen wurde. Doch das war der Bund, wie er abkürzend genannt wurde, keineswegs. Er hatte stattdessen einen strikt und radikal sozialistischen Charakter, weshalb er von den antisozialistischen Bolschewiki in Russland auch befehdet und schließlich 1920 von Lenin aufgelöst und zerschlagen wurde. Der in Polen weiterhin existierende Zweig des Bundes wollte und konnte die Verfolgung seiner Genossen in der Sowjetunion weder vergessen noch vergeben und war daher, genau wie seine sozialistischen Bruderparteien im Westen, strikt antibolschewistisch und darüber hinaus auch antizionistisch orientiert.[274] Doch dies wollten die polnischen Antisemiten und Antikommunisten nicht wahrhaben. Für sie war und blieb der Bund die Manifestation der »Judenkommune« schlechthin.

Dies änderte sich auch nach dem deutschen und sowjetischen Überfall auf Polen und der anschließenden zunächst deutsch-sowjetischen und später nur noch deutschen Besetzung Polens nicht. Dabei haben sich gerade Bundisten zusammen mit anderen polnischen Juden an dem jüdischen und polnischen Widerstand gegen die deutsche Besatzungsherrschaft beteiligt. Doch dies ist ihnen kaum gedankt geworden. Damals nicht und heute erst recht nicht. Im Gegenteil: Den Bundisten sowie weiteren polnischen Juden wurde vorgeworfen, die sowjetischen Truppen, die 1939 in den Ostteil Polens einmarschierten, als Befreier begrüßt und dann mit den sowjetischen Besatzern kollaboriert zu haben. Dieser Vorwurf konnte zwar durch nichts und niemanden bewiesen werden, wurde aber zum offensichtlich willkommenen Vorwand genommen, um nach dem Einmarsch der deutschen Truppen 1941 über die jüdischen »Nachbarn« herzufallen.[275] In Jedwabne und in einigen anderen ostpolnischen Kleinstädten kam es zu Pogromen.

Auch in anderen Teilen des nunmehr vollständig von Deutschen besetzten Polens wurden Juden, und zwar auch solche, die sich aktiv am Widerstand beteiligt hatten, von Angehörigen der polnischen Widerstandsorganisationen ermordet.[276] Verantwortlich für diese Verbrechen waren sowohl Angehörige der Armija Krajowa (Heimatarmee) wie auch der Nationalen Streitkräfte (NSZ), nicht jedoch der kommunistischen Armija Ludowa (Volksarmee).

Kommunisten waren auch nicht an den Pogromen beteiligt, die sich nach der Befreiung Polens in Kielce und anderswo ereigneten. Die neuen kommunistischen Machthaber haben diese Pogrome sogar verurteilt und weitere verhindert. Doch dies brachte ihnen von ihren Gegnern in den Reihen der Armija Krajowa, mit der ein blutiger Partisanenkrieg ausgefochten wurde, den Vorwurf ein, die Herrschaft einer neuen »Judenkommune« errichtet zu haben. Begründet wurde dieser absurde Vorwurf wieder einmal mit dem Hinweis auf die tatsächliche oder auch nur angebliche jüdische Herkunft von Mitgliedern des neuen Partei- und Staatsapparates. In diesem Zusammenhang genannt und zugleich scharf angegriffen wurden der erste Minister für Staatssicherheit, Jakub Berman, sowie der damalige Agent des polnischen Geheimdienstes und spätere Literaturkritiker, Marcel Reich-Ranicki.

Die bald allein herrschenden Kommunisten nahmen dies als Beweis dafür, dass ihre innenpolitischen Gegner samt und sonders Antisemiten und Faschisten seien. Das ging natürlich zu weit und verdeckte zudem die Tatsache, dass sich auch die polnischen Kommunisten zu antisemitischen Ausfällen und Verfolgungen der polnischen Juden hinreißen ließen, die den Holocaust überlebt hatten.[277]

Während sie sich noch 1952/53 an der von Stalin begonnenen und angeordneten antisemitischen Welle, die neben der Sowjetunion auch die Tschechoslowakei und die DDR erfasste,[278] nicht beteiligt hatten, gaben sie diese Rücksicht 1967/68 auf, als es wiederum auf Geheiß Moskaus in allen Ostblockstaaten zu einer als ›nur‹ antizionistisch getarnten antisemitischen Kampagne kam. Auch in Polen wurden Israel und die geradezu verteufelten »Zionisten« als »Rassisten«, ja als ebenbürtige

»Nachfolger Hitlers« gebrandmarkt. In Polen erhielt der ohnehin schon abstoßende propagandistische Feldzug gegen »Zionisten« und andere »Faschisten« noch eine zusätzliche und nicht weniger widerliche Komponente. Den rebellierenden Studenten, denen es bereits 1968 teilweise gelang, den Schulterschluss mit den unzufriedenen Arbeitern zu erreichen, wurde vorgeworfen, der »jüdischen« Idee des »Kosmopolitismus« anzuhängen oder zumindest dazu von einigen, wiederum als »jüdisch« denunzierten Intellektuellen angestiftet worden zu sein. Diese von dem Nationalisten und Stalinisten Moczar angefachte und geleitete antisemitische Kampagne führte schließlich dazu, dass nun auch die noch die meisten der in Polen verbliebenen Juden das Land verließen.[279]

Doch die Abwesenheit der Juden hat die weitere Ausbreitung des Antisemitismus nicht verhindert. Repräsentiert und getragen wurde dieser Antisemitismus (fast) ohne Juden weiterhin von Teilen der katholischen Kirche und der antikommunistischen Opposition[280] sowie von einigen Mitgliedern der oppositionellen Gewerkschaft Solidarnosc, die einige ihrer Gegner im Partei- und Staatsapparat als »Juden« beschimpften.[281] Eigentlich war dies ›nur‹ eine Art Retourkutsche auf die ebenfalls antisemitisch konnotierten Insinuationen der Kommunisten, wonach die Solidarnosc wenn schon nicht von Juden geführt, so doch intern geleitet worden sei. Dieses von Anfang an unsinnige wechselseitige antisemitische ›Gesellschaftsspiel‹ wurde schließlich eingestellt.

Der Demokratisierungsprozess, der in Polen schon am 31. August 1980 mit der staatlichen Anerkennung der Solidarnosc begann, schien zu einem deutlichen Abflauen des Antisemitismus geführt zu haben. Doch das war ein Trugschluss. Schuld an dem wieder auflebenden Antisemitismus war wiederum der Antikommunismus, der in Polen (wie in einigen anderen ehemaligen Ostblockstaaten auch) besonders ausgeprägt war. Das war insofern verständlich, als er vorher als faschistisch angesehen und scharf verurteilt worden war. Das neue demokratische Polen hatte also, was den Antikommunismus anging, einen Nachholbedarf. Nachvollziehbar und auch berechtigt war die Abrechnung mit den Verbrechen des Kommunismus im eigenen Land und im benachbarten Russland, wo Stalin im Jahr 1940 Tausende von gefangenen polnischen Offizieren hatte ermorden lassen. Das unbestreitbare Massaker von Katyn war zudem von den sowjetischen Behörden immer geleugnet worden, weshalb es den Hinterbliebenen der Opfer auch verboten war, ihrer Toten zu gedenken. Dies ist inzwischen nachgeholt worden. In Polen sowie in Katyn selbst wurden Gedenkfeiern veranstaltet und Denkmäler errichtet.

Doch in dieses – wohlgemerkt berechtigte – Gedenken an die Opfer des Kommunismus mischten sich bald einige antisemitische Unter- und Zwischentöne. Dies war vor allem bei der Debatte über das Buch des in die USA emigrierten polnischen Wissenschaftlers Jan Tomasz Gross über das Pogrom von Jedwabne der Fall.[282] In dieser Debatte wurde »den Juden« vorgeworfen, »geldgierig« zu sein und auch den Holocaust für ihre Gewinnsucht auszunützen. Neben diesem Moment des »sekundären Antisemitismus« tauchte auch das Stereotyp von der »Judenkommune« wieder auf. Und dies bei keinem Geringeren als dem Primas der katholischen Kirche Polens, Kardinal Józef Glemp. Er erklärte im Mai 2001 gegenüber der katholischen Presseagentur KAI Folgendes: »Ich überlege, ob die Juden nicht anerkennen sollten, dass sie gegenüber Polen schuldig geworden sind,[[283]] insbesondere in der Zeit der Kollaboration mit den Bolschewisten, für die Kollaboration bei der Deportation nach Sibirien, dafür, dass Polen ins Gefängnis kamen, für die Degradierung vieler Mitbürger usw. Die Tatsache, dass auch Polen an diesen Repressionen teilgenommen haben, schließt nicht aus, dass dabei die Staatssicherheitsfunktionäre jüdischer Abstammung eine führende Rolle spielten. Dieser Terror dauerte bis zum Jahr 1956 an, und viele Polen sind bis heute in namenlosen Gräbern verscharrt.«[284]

Ins gleiche antisemitisch-antikommunistische Horn stieß ein ominöses und eindeutig rechtsextremes »Komitee zur Verteidigung des guten Namens von Polen«, welches darauf hinwies, dass die »Gründer des Kommunismus: Marx, Engels und Trotzki Juden« gewesen seien und dass die »erste bolschewistische Regierung, der Rat der Volkskommissare (...) fast ausschließlich aus Personen jüdischer Herkunft« bestanden habe.[285]

Verschiedene sowohl antisemitische wie antikommunistische Ausfälle waren und sind bis heute in den Sendungen von Radio Maryja anzutreffen. Das hat die inzwischen abgewählte Kaczynski-Regierung ermutigt, sich mit antikommunistisch und antisemitisch geprägten Stellungnahmen an die Öffentlichkeit zu wenden.

All dies zeigt, dass die Geschichte der immer und von Anfang an eng mit dem Antisemitismus verbundenen Ideologie des Antikommunismus in Polen weder vorbei noch bewältigt ist.

3.4 »Cruzada«

»Cruzada« (Kreuzzug) stand auf einem franquistischen Propagandaposter aus dem Jahr 1937.[286] Es zeigte eine in den blauen Farben der faschistischen Falange-Partei gehaltene Weltkugel. Darüber prangte ein rotes Kreuz, wie es die mittelalterlichen Kreuzfahrer sowie die Angehörigen des spanischen Calatrava-Ritterordens getragen hatten. Unterschrieben war das Poster mit dem Satz »Espana orientadora espiritual mundo« (Spanien ist der geistige Führer der Welt). Damit wurde der Kampf der spanischen Faschisten und Putschisten gegen die rechtmäßige Regierung der spanischen Republik als »Kreuzzug« gegen den »gottlosen Kommunismus« ausgegeben und der gesamten Welt als Vorbild gepriesen.

All das war ziemlich anmaßend und noch dazu falsch. In der spanischen Regierung waren zwar einige Kommunisten vertreten, doch dies berechtigte nicht dazu, sie und die gesamte spanische Republik als kommunistisch darzustellen. »Gottlos« war sie schon gar nicht, und der gegen sie geführte Vernichtungskampf konnte nicht mit der Berufung auf Gott begründet werden.[287] Die Anknüpfung an den mittelalterlichen Kreuzzugsgedanken stellte einen Rückfall in längst vergangene Zeiten und von der europäischen Aufklärung überwundene Vorstellungen dar, die auch von den Kirchen im damaligen Europa nicht mehr gebilligt wurden.[288]

In Spanien war dies jedoch anders. Dort wurde die im Geiste des Kreuzzugsgedankens geführte *reconquista* (Wiedereroberung) der von arabischen Muslimen beherrschten spanischen Gebiete immer noch gefeiert und als Gott wohlgefällig angesehen. Doch was hatten die Kommunisten des 20. Jahrhunderts mit den Muslimen des Mittelalters zu tun? Absolut nichts. Schon deshalb hätte sich die (katholische) Kirche von der faschistischen Instrumentalisierung des Kreuzzugsgedankens distanzieren müssen.

Doch das Gegenteil war der Fall. Die weitaus meisten Repräsentanten der katholischen Kirche Spaniens haben den Kampf der spanischen Faschisten bedingungslos unterstützt und ihn ebenfalls mit der antikommunistischen Kreuzzugsideologie legitimiert. Den Anfang machte Bischof Olaechea von Pamplona, der schon vier Wochen nach Ausbruch des Bürgerkrieges am 23. August 1936 erklärte, dass es sich dabei um einen »Kreuzzug« handele.[289] Ihm stimmte der Erzbischof von Salamanca (wo Franco sein Hauptquartier errichtete) Pla y Deniel am 30. September 1936 zu. In einem in allen Kirchen seines Sprengels verlesenen Hirtenbrief meinte Pla y Deniel, dass der Krieg nur das »Aussehen eines Bürgerkrieges« habe, »in Wirklichkeit« sei er aber ein »Kreuzzug«. Dies begründete er mit den folgenden christlichen (eigentlich: antichristlichen) Wendungen:

»Die Kommunisten und Anarchisten sind die Söhne Kains (…), unfähig, sich Gottes oder Christi zu entledigen, lassen sie ihren Hass an Seinen Bildern, an Seinen Tempeln und an Seinen Dienern aus. (…) Der Märtyrertod ist die höchste Form der Liebe. Und zu welcher Blüte sind die roten Blumen des Märtyrertodes in unserem Spanien erblüht.«[290]

Diese blasphemisch wirkende religiöse Sinngebung des

furchtbaren spanischen Krieges fand auch den Beifall vieler Katholiken außerhalb Spaniens. Die Kreuzzugsmanifeste der spanischen Bischöfe wurden in der Zeitschrift der Jesuiten *Civiltà Cattolica* abgedruckt und positiv kommentiert. Für einen Jesuiten namens Rosa waren sie sogar nicht fanatisch genug. Ginge es doch in Spanien »um mehr als um einen Kreuzzug nach Art des Mittelalters«, nämlich um einen Kampf gegen »Menschen, die erheblich schlimmer sind als die Muselmanen und Mauren«. Gemeint waren die teuflischen Kommunisten, bei denen sich »die Entartung des Abtrünnigen und der Geist des modernen Menschen (mit) der bösen Absicht der Macht verbindet«.[291]

Eindrucksvolles Beispiel für diesen apokalyptischen Antikommunismus ist das sechs mal drei Meter große Altargemälde des spanischen Künstlers und Franco-Anhängers Josep Maria Sert, das im Mai 1937 auf der Pariser Kunstausstellung *(Exposition internationale des arts et des techniques dans la vie moderne)* gezeigt wurde. Nach dem Willen Francos sollte es das Gegenstück zu Picassos »Guernica« sein, das im Pavillon der spanischen Republik ausgestellt wurde. Da der noch nicht überall anerkannten Regierung Franco auf der Pariser Ausstellung kein eigener Pavillon zuerkannt war, wurde Serts Machwerk in dem des Vatikans gezeigt und damit gewissermaßen päpstlich abgesegnet.[292]

Das Altargemälde zeigt, wie die als »Botschafterin der göttlichen Liebe zu Spanien« bezeichnete heilige Teresa von Ávila die gefallenen und zu Märtyrern erklärten spanischen Faschisten Jesus Christus »darbringt«, der bei dieser äußerst merkwürdigen Operation wie ein deutscher Sturzkampfbomber (Stuka) vom Himmel herabstürzt. Im Hintergrund des pseudonaiv und im Stil der mittelalterlichen Heiligengemälde gezeichneten Bildes sieht man republikanische Truppen bzw. »gottlose Bolschewisten«, die dabei sind, eine Kirche in Brand zu setzen.

Mit Kunst hatte das nichts zu tun. Es war schlicht Kitsch – katholischer Kitsch und Ausdruck eines katholischen Antikommunismus, der in Spanien nicht erst nach Ausbruch des Bürgerkrieges besonders ausgeprägt und verbreitet war. Schon im 19. Jahrhundert hat die spanische katholische Kirche einen scharfen und unerbittlichen Kampf gegen den Kommunismus und, mehr noch, gegen den Anarchismus und Anarchosyndikalismus geführt.

Das hat den bei der spanischen Industrie- und Landarbeiterschaft von Anfang an vorhandenen Antiklerikalismus radikalisiert. Die Kirche wurde als stärkste Stütze der herrschenden Schichten, insbesondere der Großgrundbesitzer, angesehen und entsprechend bekämpft. Bei den sich in fast regelmäßigen Abständen wiederholenden lokalen und regionalen Aufständen der Anarchisten im Süden des Landes kam es zu Übergriffen auf das Eigentum der Kirche, die dort die größte Landbesitzerin war. Nicht selten wurden dabei auch Kirchen und Klöster geplündert oder niedergebrannt und Mönche und Nonnen ermordet.

Zu Beginn des Spanischen Bürgerkrieges nahmen diese Gewaltakte noch größere Ausmaße an.[293] In den republikanischen und von den republikanischen Truppen zurückeroberten Gebieten sind zahlreiche Kirchen verbrannt und Geistliche ermordet worden, die verdächtigt wurden, mit Franco zu sympathisieren.[294] Diese Gewalttaten wurden zwar meist von Anarchisten oder Anarchosyndikalisten und kaum von Kommunisten begangen. Zudem sind sie von der republikanischen Regierung scharf verurteilt worden. In den Augen der Kirche und des Franco-Regimes galten sie jedoch als – nicht unwillkommener – Beweis der These, dass hinter allem der »gottlose Kommunismus« stünde, gegen den ein antikommunistischer »Kreuzzug« zu führen sei.

Zur antikommunistischen Kreuzzugsideologie kamen noch antimasonistische Verschwörungsideologien hinzu. Der sonst mit dem Antikommunismus eng verbundene Antisemitismus war jedoch innerhalb der franquistischen Propaganda schwach ausgeprägt, was vermutlich mit der Tatsache zu tun hatte, dass es in Spanien seit ihrer vollständigen Vertreibung im Jahr 1492 so gut wie keine Juden gab.

Franco-Spanien ist dann aber dem Antikominternpakt beigetreten und hat sich auch aktiv durch die Entsendung einer »blauen Division« am Vernichtungskrieg gegen den »jüdischen Bolschewismus« beteiligt. Andererseits hat Franco jüdische Flüchtlinge, die sich nach Spanien hatten durchschlagen können, ungehindert nach Übersee reisen lassen.

Diese Zurückhaltung in der »Judenfrage« ist jedoch kein Grund, über die Verbrechen Francos hinwegzusehen, die mit dem Ende des Bürgerkrieges keineswegs aufhörten.[295] Dem nach 1939 fortgesetzten Terror sind noch weitere 200 000 Spanier zum Opfer gefallen. Dies wurde nicht nur in der kommunistischen, sondern zunächst auch in der westlichen Welt scharf verurteilt. Das Franco-Regime galt in Ost und West als faschistisch und wurde daher geächtet, isoliert und für nicht würdig befunden, in die UNO aufgenommen zu werden. Wie die Exilregierung der spanischen Republik erwarteten nicht wenige Antifaschisten und Demokraten in und außerhalb Spaniens, dass Franco das gleiche Schicksal wie seine Bundes- und Gesinnungsgenossen Hitler und Mussolini ereilen würde.

Dass es völlig anders kam, verdankte Franco ausgerechnet seinem Antikommunismus. Denn der galt im Westen nach Ausbruch des Kalten Krieges wieder als berechtigt. So wurde Franco wieder als Bündnispartner gegen den Kommunismus geschätzt. Den Anfang machte wieder der Vatikan, der seine (eigentlich nie ganz abgebrochenen) diplomatischen Beziehungen mit dem nach wie vor faschistischen Spanien intensivierte und mit ihm im Jahr 1953 ein Konkordat abschloss.[296] Dem Papst folgten die USA, die 1953 militärische Beistands- und Stützpunktverträge mit Franco vereinbarten. Auf Drängen der USA wurde Spanien bereits 1955 in die UNO und später auch in die NATO aufgenommen.

Die Einbindung Franco-Spaniens in das antikommunistische Verteidigungsbündnis des Westens fand den Beifall der extrem antikommunistisch eingestellten Bundesrepublik. Die Adenauer-Regierung versuchte schon 1956, Militärbasen für die gerade gegründete Bundeswehr in Spanien zu erhalten, was die

Westmächte jedoch zu sehr an die Legion Condor und die sonstige deutsche Beteiligung am Spanischen Bürgerkrieg erinnerte, weshalb sie diese neuen deutschen Aktivitäten in Spanien untersagten.[297] Nicht untersagt und nicht behindert wurde dagegen der weitere Ausbau der wirtschaftlichen Beziehungen zwischen Deutschland und Spanien. In der (west-)deutschen Öffentlichkeit wurde das immer enger werdende Verhältnis zwischen der neuen deutschen Demokratie und der alten Diktatur in Spanien, die von einigen ausländischen Historikern (aber von keinem einzigen westdeutschen) als faschistisch eingeschätzt wurde,[298] überaus positiv kommentiert.

Viele Spanier sahen dies anders. Einige führten den nie abgebrochenen Widerstand gegen das faschistische Franco-Regime fort.[299] Zunächst in Form eines »Maquis« genannten Partisanenkampfes in den Bergen und Wäldern Spaniens, dann mit politischen Methoden des Protestes und der Anzettelung von illegalen Streiks. Letzteres geschah vor allem durch die neuen *comisiones obreras* (Arbeiterkommissionen), die in ihrem Widerstand auch von einigen katholischen Priestern unterstützt wurden, was von der immer noch pro-franquistischen Kirchenleitung zwar kritisiert wurde, aber bald nicht mehr unterbunden werden konnte.

Zum Widerstand aus der illegalen Arbeiterbewegung kamen die Nationalbewegungen der Katalanen und Basken, die für die Freiheit und Unabhängigkeit oder zumindest die Autonomie ihrer Regionen kämpften. Besonders wirkungsvoll, aber auch blutig war der Widerstand der baskischen ETA, die im Jahr 1973 ein erfolgreiches Attentat auf den präsumtiven Nachfolger Francos und eigentlich schon allein herrschenden Carrero Blanco durchführte.

Die *movimiento* (die Bewegung) genannte faschistische Staatspartei war zwar zahlenmäßig immer noch groß, aber politisch zunehmend schwächer und einflussloser geworden. Ihre Position war vom katholischen Laienorden Opus Dei eingenommen worden, dessen Mitglieder führende Posten in Staat und Gesellschaft bekleideten, große Teile der spanischen Wirtschaft kontrollierten und einen prägenden Einfluss auf das spanische Erziehungswesen ausübten.[300] Letzteres im Geiste eines vehementen Antikommunismus, dessen Wirkung und Verbreitung aber auch in Spanien zurückging. Dies war wiederum die Folge der globalen Entspannungspolitik zwischen den beiden Supermächten. Das franquistische Spanien verstand sich zwar immer noch als antikommunistisches Bollwerk, wurde aber sowohl außerhalb wie auch innerhalb Spaniens nicht mehr als solches gebraucht und geschätzt.

Dies bekam auch das spanische Militär zu spüren, das mit dem neuen König Juan Carlos einen Oberbefehlshaber erhielt, der nicht so antikommunistisch und vor allem nicht so antidemokratisch gesinnt war wie der 1975 verstorbene Franco. Der von allen, auch von Franco selbst, völlig unterschätzte Juan Carlos war es dann auch, der den Übergang zur Demokratie *(transición)* einleitete und auch dann noch entschlossen fortsetzte, als Teile des Militärs einen Putschversuch unternahmen, der jedoch scheiterte, weil der Rest der Armee auf den Befehl des Königs hörte.

Wie vorher Deutschland und Italien kehrte Spanien in den Kreis der europäischen Demokratien zurück. Doch das Land hat bis heute mit Problemen wie hoher Arbeitslosigkeit und einer um sich greifenden Fremdenfeindlichkeit zu kämpfen. Von ihr betroffen sind aber vornehmlich Migranten und nicht die nach wie vor wenigen spanischen Juden. Dennoch gibt es auch im heutigen Spanien Antisemitismus. Außerdem ist der in der spanischen Geschichte und Kultur tief verwurzelte Antiislamismus wiederbelebt und radikalisiert worden. Dagegen scheint der während der Franco-Zeit so vehemente Antikommunismus Geschichte geworden zu sein.

Zum Rückgang des Antikommunismus hat auch die spanische KP beigetragen, die sich nach ihrer Wiederzulassung von einer vorher strikt stalinistischen zu einer eurokommunistischen Partei wandelte, ohne jedoch ihre vormalige politische Bedeutung und Stärke wieder zu erreichen. Heute ist sie fast bedeutungslos.

In jüngster Zeit hat man in Spanien damit begonnen, auch die kommunistischen Opfer der Franco-Diktatur zu ehren. Dies allerdings in sehr geringem Umfang. Eine wirkliche »Bewältigung« der – faschistischen und antikommunistischen – Vergangenheit Spaniens steht noch aus.[301]

4. Dritte Welt

4.1 »Patria y Libertad«

»Patria y Libertad« – Vaterland und Freiheit – hieß eine antikommunistische Terrorgruppe in Chile. Sie war vom amerikanischen CIA mit dem Ziel gegründet und finanziert worden, die Regierung des Sozialisten Salvador Allende zu bekämpfen und, wenn möglich, zu stürzen. Das hatte mit Vaterland und Freiheit wenig zu tun, war aber in Südamerika kein Einzelfall. Haben sich die USA doch mehrmals in die inneren Angelegenheiten verschiedener Länder dieses Subkontinents eingemischt, den sie traditionell als ihren »Hinterhof« betrachteten. Meist geschah dies unter dem Vorwand, die Freiheit und die Demokratie zu verteidigen oder wiederherzustellen. Tatsächlich ging es jedoch um wirtschaftliche Interessen einiger US-amerikanischer Unternehmen. Sie deckten sich meist mit denen der einheimischen südamerikanischen Oligarchen und den politischen der südamerikanischen Diktatoren. In Chile war dies nicht viel anders. Das soll in einem kurzen historischen Rückblick gezeigt werden.[302]

Die Chilenen hatten sich zwar 1818 von der spanischen Kolonialherrschaft befreit, sind dann aber immer wieder ihrer Freiheit und der ihres Vaterlandes durch Diktatoren unterschiedlicher Couleur beraubt worden. Zu diesen politischen Schwierigkeiten kamen soziale und wirtschaftliche Probleme. Im 19. Jahrhundert gehörten 90 Prozent der Agarfläche Chiles einigen wenigen Großgrundbesitzern. Kleinere Bauern gab es nur im Süden, wo sie auf ehemaligem Indianerland angesiedelt wurden. Bodenschätze wie Silber, Kupfer und das für Dünger und Sprengstoff gebrauchte Salpeter wurden zwar von Arbeitern (die überwiegend europäischer Herkunft waren) abgebaut, aber von Angehörigen der Bourgeoisie mit großem Gewinn verkauft.

Gegen diese Ausbeutung wehrten sich sowohl die Landarbeiter als auch die damals noch wenigen Industriearbeiter durch die Gründung von Gewerkschaften und einigen linken Parteien. Letztere konnten 1938 erstmals die Wahlen gewinnen und zusammen mit einigen kleineren liberalen Parteien eine Volksfrontregierung bilden. Anlass dafür war offensichtlich auch die Bildung von zwei kleineren faschistischen Parteien.[303]

Die eine hieß Movimiento Nacional-Socialista und war, worauf schon ihr Name hindeutet, von Angehörigen der Auslandsorganisation der NSDAP sowie anderen NS-Sympathisanten im Jahr 1931 gegründet worden.[304] Sie war mit insgesamt 20 000 Mitgliedern relativ schwach, was sie jedoch nicht hinderte, 1938 einen Putschversuch zu wagen. Er wurde aber sofort niedergeschlagen, weshalb diese faschistische Partei wieder von der politischen Bildfläche Chiles verschwand. Anders war es mit der Nationalfalanga, die 1937 als Abspaltung von der Konservativen Partei entstanden war. Sie bestand weiterhin. Einige ihrer Mitglieder sollen sich an dem Putsch Pinochets beteiligt haben.[305]

Die Bekämpfung des Faschismus in Gestalt dieser chilenischen faschistischen Parteien einte die aus mehreren Parteien – darunter auch die kommunistische – gebildete Volksfrontregierung. Hinzu kam der Wunsch, sich endlich aus der Abhängigkeit *(dependencia)* der nordamerikanischen Hegemonialmacht zu befreien. Der Antifaschismus war mit Antiimperialismus verbunden. Beides war bei vielen Chilenen populär und die Ursache der Wahlerfolge der Volksfront.

1952 wurde die Regierung der Volksfront jedoch von einer konservativen unter Carlos Ibáñez abgelöst. Ibáñez' Nachfolger Jorge Alessandri konnte sich auch 1958 gegen den Kandidaten der Sozialisten und Kommunisten, Salvador Allende, durchsetzen. 1964 kam es dann zu einem Machtwechsel, weil Eduardo Frei von den Christdemokraten zum Präsidenten gewählt wurde. Frei leitete sofort einige Strukturreformen ein. Diese gingen aber den Sozialisten nicht weit genug, die sich mit den Kommunisten und einigen kleineren linken Parteien zur Unidad Popular vereinigten. Ihr Anführer war der sehr beliebte und charismatische Salvador Allende, dem es 1970 gelang, die Parlamentswahlen zu gewinnen. Allerdings äußerst knapp, weshalb er nur mit Unterstützung der Christdemokraten Freis zum Präsidenten Chiles gewählt werden konnte.

Allende leitete sofort eine umfassende Sozial- und Wirtschaftsreform ein. Die Löhne wurden erhöht und die Preise für Mieten und Nahrungsmittel eingefroren. Schulbildung und Gesundheitsfürsorge waren sogar völlig kostenfrei. Das dafür ausgegebene Geld wurde durch die entschädigungslose Enteignung der ausländischen und auch einiger inländischer Großunternehmen eingetrieben. Außerdem wurden die Banken verstaatlicht, die Bodenschätze in Staatsbesitz überführt und eine Agrarreform eingeleitet.[306]

Natürlich fand dies alles nicht den Beifall der in- und ausländischen Unternehmer, die sofort ihren Einfluss geltend machten, um die konservative Opposition in ihrem Kampf gegen die Regierung zu stärken. Dabei wurden sie direkt und indirekt von der amerikanischen Regierung unterstützt.[307] Zu den direkten Maßnahmen gehörten der vom amerikanischen Präsidenten Richard Nixon durchgesetzte Boykott des chilenischen Kupfers auf dem Weltmarkt und die Verweigerung von Krediten für Chile durch den internationalen Finanzmarkt. Nixon rechtfertigte diese Politik gegenüber Chile mit der Bemerkung, dass man dieses Land eben »ausquetschen« müsse.[308]

Noch problematischer und eigentlich schon verbrecherisch zu nennen war der indirekte innenpolitische Druck, der auf die Regierung Allende ausgeübt wurde. Dazu gehörte die militärische Ausbildung und finanzielle Unterstützung der schon erwähnten antikommunistischen Terrororganisation »Patria y Libertad« durch den CIA.

Ein erster Putschversuch des chilenischen Militärs scheiterte jedoch 1972 und führte letztlich dazu, dass Allendes Unidad Popular bei den Parlamentswahlen 44 Prozent der Stimmen gewinnen konnte. Diese reichten aber nicht aus, um ein gegen

Allende gerichtetes Misstrauensvotum des Parlaments zu verhindern, zumal jetzt auch die Christdemokraten Freis ins Lager der Allende-Gegner gewechselt waren. Um wenigstens das Militär zu besänftigen, ernannte Allende am 25. August 1973 Augusto Pinochet (1915–2006) zum Oberkommandierenden des Heeres.

Dies war ein entscheidender und verhängnisvoller Fehler. Denn keine drei Wochen später unternahm Pinochet am 11. September 1973 einen erneuten Putschversuch, der trotz heftiger Gegenwehr der Anhänger Allendes erfolgreich war. Allende selbst kam bei der Verteidigung des von Flugzeugen und Panzern angegriffenen Präsidentenpalastes ums Leben. Tausende von Mitgliedern und Sympathisanten der Unidad Popular wurden verhaftet und in das zu einem Konzentrationslager umfunktionierte Nationalstadion sowie weitere Lager deportiert. Insgesamt wurden 400 000 Chilenen für kürzere oder längere Zeit inhaftiert. Mindestens 4000 wurden ermordet. Eine Million Chilenen wurden ins Exil gezwungen.[309]

Verantwortlich für diesen Terror war der ein Jahr später zum »Jefe Supremo de la Junta« ernannte Pinochet, der das Land allein mit Hilfe von Polizei, Militär und einigen terroristischen Sondereinheiten wie der berüchtigten DINA regierte bzw. unterdrückte. Eine faschistische Regierungspartei wurde dagegen nicht aufgebaut. Dennoch wurde das Pinochet-Regime von vielen als faschistisch angesehen.[310]

Die Bekämpfung dieses Regimes im innen- und außenpolitischen Rahmen stand ganz im Zeichen eines Antifaschismus, der – wie schon in den 30er Jahren – Kommunisten, Sozialisten und selbst Liberale einte. Von den Regierungen der westlichen Welt wurde dieser Antifaschismus aber als kommunistisch betrachtet und diffamiert. Doch dies hat Antifaschisten in Ost und West nicht davon abgehalten, gegen das Pinochet-Regime zu demonstrieren.

Das war ein weiterer Beweis dafür, dass die Ideologie des Antikommunismus ihre Wirksamkeit und Anziehungskraft auf Linke und Liberale verloren hatte. Der Kommunismus war kein Schreckgespenst mehr. Außerdem wusste man und wollte nicht vergessen, dass der Kommunismus in Chile nicht die Macht ergriffen hatte. Schon gar nicht in Gestalt der Regierung des Sozialisten Allende. Daher wurde die Behauptung Pinochets, er habe doch ›nur‹ den Kommunismus bekämpfen wollen, als antikommunistische Rechtfertigungsideologie erkannt und entsprechend zurückgewiesen. Der von Pinochet zur Bekämpfung des angeblichen Kommunismus angewandte Terror konnte auch von den fanatischsten Antikommunisten nicht mehr übersehen und gerechtfertigt werden. Dies traf sogar auf die christdemokratischen Antikommunisten in der Bundesrepublik zu, die ihre skandalöse Leugnung und Verteidigung des terroristischen Pinochet-Regimes unter öffentlichem Druck aufgeben mussten.

Zum Untergang des Pinochet-Regimes schließlich hat jedoch nicht so sehr die Kritik an dessen terroristischem Charakter beigetragen. Eine wichtigere Rolle spielte die Sozial- und Wirtschaftspolitik, die ganz im Zeichen der von dem Chicagoer Wirtschaftsprofessor Milton Friedman gepredigten neo- oder ordoliberalen Lehre stand. Auf Chile bezogen, bedeutete dies die völlige Reprivatisierung aller Unternehmen, die Einstellung fast der gesamten Sozialhilfe und die Reduzierung der Ausgaben für Bildung um 30 Prozent. Der strikte und zugleich innenpolitisch motivierte Sparkurs zahlte sich jedoch nicht aus. Die Inflationsrate erreichte mit über 500 Prozent schwindelnde Höhen; die Arbeitslosenquote stieg ebenfalls. Zur immer desolater werdenden wirtschaftlichen Lage trug auch der Verfall des Kupferpreises auf dem Weltmarkt bei, zumal Kupfer das einzige wirklich wichtige Exportprodukt Chiles war.

Wegen des immer schlechter werdenden Lebensstandards der gesamten chilenischen Bevölkerung kam es zu Protesten und Hungermärschen, die nicht mehr mit militärischen Zwangsmitteln verhindert und eingedämmt werden konnten. In dieser Situation gab Pinochet nach. 1987 ließ er wieder Parteien zu und stellte sich ein Jahr später einem Plebiszit, das er verlor. Daraufhin trat er als Präsident zurück, um aber Chef des

Heeres zu bleiben und sich noch zusätzlich das Amt eines Senators auf Lebenszeit zu verschaffen, das ihn vor jeglichen gerichtlichen Verfahren bewahrte.[311]

Pinochets christdemokratische Nachfolger haben es auch nicht gewagt, den früheren Präsidenten vor Gericht zu stellen.[312] Erst nachdem er 1998 bei einem Besuch Londons verhaftet worden war, dann aber von den britischen Behörden unbehelligt nach Chile zurückkehren konnte, wurde 2004 schließlich Anklage gegen ihn erhoben. Ein Jahr später wurde auch seine Immunität aufgehoben. Dennoch ist es nicht mehr zum Prozess gekommen, weil Pinochet bis zu seinem Tod im Jahr 2006 für prozessunfähig erklärt worden war.

Die Aufarbeitung der vielleicht faschistischen, auf jeden Fall aber antikommunistischen Vergangenheit Chiles kam ebenfalls nur sehr schleppend voran. Eine bereits 1990 eingesetzte Untersuchungskommission zur Aufklärung der unter Pinochet begangenen Verbrechen legte zunächst einen völlig unzureichenden und 2004 einen solchen Bericht vor, der keinerlei strafrechtliche Folgen für die Täter und so gut wie keine Entschädigung für die Opfer vorsah. Immerhin konnte 2005 die Pinochet-Verfassung beseitigt und durch eine neue demokratische ersetzt werden. Doch ob dies ausreicht, um das jetzige demokratische System Chiles wirklich und auf Dauer abzusichern, ist mehr als fraglich.

4.2 »Musim Parang«

Als »Musim Parang« – Saison der Hackmesser – haben die Mörder das Massaker bezeichnet,[313] das 1965 in Indonesien stattgefunden hat.[314] Ihm sind innerhalb von nur drei Monaten mindestens 500 000 Männer, Frauen und Kinder zum Opfer gefallen. Allein auf Bali sollen es 100 000 gewesen sein. Daher gehen neuere Schätzungen von insgesamt drei Millionen ermordeten Menschen aus. Die meisten waren oder sollen Kommunisten gewesen sein. Nicht wenige von ihnen gehörten der chinesischen Minderheit an. Der Massenmord war offensichtlich nicht nur antikommunistisch, sondern auch noch rassistisch motiviert, weshalb er den Charakter eines Genozids hatte.

Hinzu kamen religiöse – genauer: islamistische – Ressentiments. Sollen doch nach den Angaben der Mörder »kommunistische Weiber«, womit Angehörige der kommunistischen Frauenorganisation Gerwani gemeint waren, sechs gefangene indonesische Generäle muslimischen Glaubens mit Messern zerstückelt und kastriert haben. Zuvor sollen sie vor diesen armen Männern noch erotische Tänze aufgeführt haben, womit sie ihnen die Ehre geraubt hätten, um ihnen dann noch ihre Männlichkeit zu nehmen.[315]

Von den vielen antikommunistischen Schauergeschichten ist diese vielleicht die schaurigste. Doch zurück zur wahren Geschichte: Für die Massaker an den indonesischen Kommunisten waren zweifellos nicht sie selbst und schon gar nicht die Kommunistinnen verantwortlich. Gegen diese These spricht bereits ihre Geschichte und die ihrer Partei.[316]

Die indonesische kommunistische Partei – Perserikatan Kommunis die Hindia – ist 1920 aus der bereits 1914 gegründeten Indischen Sozialdemokratischen Vereinigung (ISDV) hervorgegangen. Sie hatte sich – übrigens als erste asiatische Partei – der Kommunistischen Internationale angeschlossen und auf deren Geheiß hin eine sogenannte antiimperialistische Front mit nationalistischen Kräften gebildet, welche die Befreiung von der niederländischen Kolonialherrschaft anstrebten. Der zu diesem Zweck angezettelte Aufstand wurde jedoch 1926 blutig niedergeschlagen. Tausende von Indonesiern wurden verhaftet, in speziellen Lagern interniert oder ins Exil verbannt. Die kommunistische Partei wurde 1927 verboten. Viele ihrer Mitglieder setzten jedoch im Untergrund und in einem informellen Bündnis mit der 1927 gegründeten Partai Nasional Indonesia Achmed Sukarnos (1901–1970) den Kampf gegen die niederländische Kolonialherrschaft fort. Nicht sicher ist, ob die indonesischen Kommunisten auch die Kollaboration Sukarnos mit den japanischen Besatzern Indonesiens unterstützt haben, die ihn 1943 zum Chef eines Quisling-Regimes ernannten, das offiziell »Zentrales Beratungskomitee« genannt wurde.

1945 beteiligte sich jedoch die neu gegründete Kommunistische Partei an dem wiederum von Sukarno angeführten Befreiungskampf gegen die erneuerte niederländische Kolonialherrschaft.[317] Nach dem indonesischen Sieg im Unabhängigkeitskrieg von 1947/1948, der übrigens von den niederländischen Kolonialherren als Abwehrkampf gegen den Kommunismus dargestellt wurde,[318] hat die mit Teilen der Sozialistischen Partei zu einer sogenannten demokratischen Volksfront zusammengeschlossene PKI das diktatorische Regime Sukarnos unterstützt.[319] Dies geschah, obwohl der faschistische Charakter des Sukarno-Regimes immer deutlicher wurde.[320] An Sukartos originär faschistischem Slogan »Nasakom« (eine Abkürzung für Nationalismus, Religion, Kommunismus) scheinen viele indonesische Kommunisten sogar Gefallen gefunden zu haben.

Der Flirt mit dem indonesischen Faschismus tat dem Aufstieg des indonesischen Kommunismus jedoch keinen Abbruch. 1965 soll die PKI zwei bis drei Millionen Mitglieder gehabt haben. Damit war sie zur größten kommunistischen Partei außerhalb Chinas und der Sowjetunion geworden.[321]

Die »freie Welt« fühlte sich bedroht – wie schon in Vietnam, wo sie mit dem nicht mehr kalten, sondern ›heißen‹ Krieg gegen den vermeintlichen Kommunismus begann. Dabei hatte die indonesische Kommunistische Partei jegliche Parteinahme sowohl für China wie für die Sowjetunion peinlichst vermieden. Was dann geschah, ist nicht ganz klar. Sicher und inzwischen auch durch Dokumente belegt ist, dass verschiedene amerikanische Dienststellen, darunter der CIA, Materialien über die PKI gesammelt und auch in Form von regelrechten Proskriptionslisten den entsprechenden indonesischen Organisationen zur Verfügung gestellt haben.[322] Doch ob sich der CIA aktiv und intensiv an der oben schon erwähnten »Saison der Hackmesser« beteiligt hat, konnte bisher nicht zweifelsfrei nachgewiesen werden.

Dies ist auch deshalb schlecht möglich, weil sich die Ereignisse, die dem Massaker vorangingen, sehr verwirrend abgespielt haben.[323] Alles begann mit einem äußerst dilettantisch ausgeführten Militärputsch gegen Sukarno. Er wurde »Gerakan September Tiga Pulah« (Bewegung 30. September), abgekürzt GESTAPU, genannt. Verübt wurde er von einigen rangniedrigen Offizieren unter dem Kommando eines Oberstleutnants namens Untung. Keiner von ihnen war Kommunist. Die Kommunistische Partei war auch nicht von dem Untung-Unternehmen informiert. Von einer aktiven Beteiligung konnte also überhaupt nicht die Rede sein. Dennoch wurde ihr dies von den Gegenputschisten unter Führung des Kommandeurs der Eliteeinheit KONSTRAD, Generalmajor Mohamed Suharto (1921–2008), unterstellt.

Eigentliches Ziel Suhartos war auch gar nicht die Niederschlagung eines noch nicht einmal geplanten, geschweige denn begonnenen, kommunistischen Aufstandes, sondern der Sturz Sukarnos und die Übernahme von dessen Macht.[324]

Dies gelang. Der 1966 zum Regierungschef und ein Jahr später auch noch zum Staatschef ernannte Suharto zwang Sukarno zum Rücktritt und ließ ihn unter Hausarrest stellen. 1970 ist Sukarno verstorben, ohne jemals von einem indonesischen oder internationalen Gericht zur Verantwortung gezogen und für seine unzweifelhaften Verbrechen verurteilt worden zu sein.

Bei seinem Nachfolger Suharto war es ähnlich. Er wurde zwar 1998 gestürzt und noch im selben Jahr vor Gericht gestellt, doch das angestrengte Verfahren gegen ihn wegen Korruption wurde schnell wieder eingestellt. Von der Justiz völlig unbehelligt, ist Suharto 2008 verstorben und mit militärischen Ehren beigesetzt worden. Repräsentanten fast der gesamten »freien Welt« sandten Beileidstelegramme und bekundeten damit ihren Dank und Respekt vor einem faschistischen Diktator, der weit mehr Kommunisten ermordet hat, als es Hitler, Mussolini und Franco zusammen getan haben.[325]

Zu den schon 1965 von Suhartos Schergen getöteten Menschen kamen noch ungezählte weitere hinzu, die in indonesischen Konzentrationslagern den Tod fanden. Die Gefangenen, welche die Haft überlebt hatten, wurden nach ihrer Freilassung – die letzten kamen übrigens erst 1998 nach dem Sturz Suhartos frei – weiterhin überwacht und stigmatisiert. Letzteres durch die Eintragung der Buchstaben »ET« in ihren Ausweisen. »ET« stand für »Ex-Tapol«. Mit »Tapols« waren wiederum die Kommunisten gemeint.

Einige dieser »Tapols« gehörten der chinesischen Minderheit an. Ob alle von ihnen wirklich Mitglieder der 1965 verbotenen und aufgelösten Kommunistischen Partei waren, ist jedoch mehr als zweifelhaft. Sicher ist hingegen, dass kaum einer der Chinesen, die 1973 und dann noch einmal 1998 den von Suharto angezettelten und zu verantwortenden Pogromen zum Opfer fielen, Kommunist war.

Ebenfalls keine Kommunisten waren die Bewohner des 1975 widerrechtlich annektierten Ost-Timors, die von indonesischen Truppen massakriert wurden. Es sollen mehr als ein Drittel der gesamten Bevölkerung Ost-Timors gewesen sein.

Die Gesamtzahl der Opfer des Suharto-Regimes ist nicht bekannt. Ihre Verfolgung und Ermordung war sowohl durch antikommunistische als auch rassistische und nicht zuletzt islamistische Ideologien motiviert. Ausgeführt wurden diese Verbrechen keineswegs nur von Militärs und Angehörigen des Mobs, sondern auch von Mitgliedern der verschiedenen islamistischen Parteien, die der Einheitspartei Golkar angeschlossen wurden. Dabei handelte es sich um eine faschistische Partei, die über uniformierte und bewaffnete Abteilungen verfügte, einem unbestrittenen faschistischen »Führer« – Suharto – unterstand und eine faschistische Ideologie vertrat. Sie wurde Pancasila (fünf Säulen) genannt und basierte auf den folgenden (schon von Sukarno entworfenen) fünf Prinzipien, die zwar schön formuliert waren, aber auf entsetzlich grausame Weise durchgesetzt wurden: Glaube an einen Gott, gerechte und zivilisierte Menschlichkeit, Einheit Indonesiens, weise und geführte Demokratie, soziale Gerechtigkeit.

Der faschistische Charakter der Sukarno- und Suharto-Regime ist in der Forschung umstritten. Unbestreitbar, aber nicht aufgearbeitet sind jedoch seine Verbrechen. Sie waren, wie ausgeführt, nicht allein antikommunistisch motiviert. Antikommunismus hat es auch in Indonesien nicht in ›reiner‹ und schon gar nicht in ›demokratischer‹ Form gegeben.

Die ›Sammel-Ideologie‹ des Antikommunismus hat die Verbrechen der Regime von Sukarno und Suharto nicht nur motiviert, sie war selbst insgesamt und in ihren einzelnen Teilen verbrecherisch. Dass dies so lange und im Grunde bis heute von den Demokratien der »freien Welt« nicht gesehen und verurteilt worden ist, spricht nicht für sie und sagt einiges über ihre antikommunistischen Vorurteile aus.

4.3 »Tudeh«

»Tudeh« bzw. »Hezb-e Tudeh-e Iran« (Partei der Massen des Iran) ist der Name der kommunistischen Partei des Iran.[326] Von allen kommunistischen Parteien ist sie diejenige, welche am häufigsten verboten und verfolgt worden ist – und zwar von allen inländischen, d.h. persischen Regierungen und einigen ausländischen Mächten wie Großbritannien, den USA und der UdSSR. Dies geschah, obwohl die Tudeh-Partei mit allen iranischen Regierungen und mit fast allen ausländischen Mächten zumindest temporär zusammengearbeitet hat. Ihre bis heute anhaltende Verfolgung wurde zudem mit allen oder fast allen – demokratischen, faschistischen und religiösen – Varianten der Ideologie des Antikommunismus begründet.[327]

Die Kommunistische Partei des Iran wurde schon 1920 gegründet. Das war insofern früh, als sich der Iran damals erst im Übergang vom Feudalismus zum Kapitalismus befand. Die Industrialisierung des Landes hatte erst begonnen und war zudem auf das aserbeidschanische Randgebiet begrenzt, wo Erdöl gefunden und verarbeitet wurde. Davon abgesehen, war der Iran noch rein agrarisch, und das meiste Land gehörte einigen wenigen Großgrundbesitzern. Zu dieser Feudalklasse kam noch eine aus dem schiitischen Klerus gebildete Priesterkaste. Auch in politischer Hinsicht war der Iran noch feudalistisch strukturiert und wurde von einem mit unbegrenzten Vollmachten ausgestatteten König regiert. Der letzte Schah aus der Dynastie der Kadscharen wurde jedoch 1924 durch einen Militärputsch gestürzt. Dessen Anführer, ein General namens Reza Khan, ernannte sich selbst zum Schah Reza Pahlavi und begann mit einer Modernisierung des Landes. Vorbild war die von Atatürk durchgeführte Erneuerung in der benachbarten Türkei. Doch anders als Atatürk wagte es Reza nicht, die soziale Macht des schiitischen Klerus zu beschränken. Dafür gelang es ihm, die imperialistischen Bestrebungen Großbritanniens und der Sowjetunion abzuwehren, die das ölreiche Land allzu gern unter sich aufgeteilt und in einen kolonialen Status versetzt hätten.

Unter dem Vorwand, den bis dahin neutralen Iran vor einer drohenden Invasion durch das faschistische Deutschland zu schützen, wurde das Land 1941 von britischen und sowjetischen Truppen besetzt. Schah Reza Pahlavi wurde gezwungen, zugunsten seines Sohnes Mohammad Reza Pahlavi auf den Thron zu verzichten und ins südafrikanische Exil zu gehen. Auf Druck der britischen und sowjetischen Besatzungsmächte liberalisierte der neue Schah die Innenpolitik. Politische Gefangene wurden freigelassen und die noch von seinem Vater verbotene Kommunistische Partei wurde wieder zugelassen, nachdem sie sich den zwar anmaßenden, aber nicht so gefährlich klingenden Namen »Partei der Massen des Iran« (Tudeh) gegeben hatte. 1944 konnte die Tudeh-Partei sogar acht Abgeordnete in das iranische (Pseudo-)Parlament, den Majlis, entsenden.

Ihre für eine kommunistische Partei selbstverständliche Unterstützung der – am iranischen Erdöl interessierten – Sowjetunion wurde der Tudeh-Partei aber zum Verhängnis, nachdem die sowjetischen Truppen auf Druck Großbritanniens und der USA das Land verlassen hatten. Die kommunistische Partei wurde 1949 erneut verboten und der Iran de facto zu einer angloamerikanischen Kolonie. Britische und dann auch US-amerikanische Firmen brachten sich in den vollständigen Besitz des iranischen Erdöls.[328]

1951 wagte es der neue und offensichtlich charismatische Ministerpräsident Mohammad Mossadegh, die vorher allmächtige BP zu enteignen und die gesamte iranische Ölindustrie zu verstaatlichen. Schah Mohammad Reza Pahlavi konnte das nicht verhindern und wurde von Mossadegh ins Exil geschickt. Daraufhin wurde Mossadegh durch eine »Operation Ajax« genannte gemeinsame Aktion des britischen Geheimdienstes MI6 und des amerikanischen CIA gestürzt. Begründet wurde diese eindeutig völkerrechtswidrige Handlung der beiden westlichen Demokratien wieder einmal mit der Behauptung, man habe doch nur den Kommunismus »eindämmen« müssen. Das war schlicht nicht wahr. Die Sowjetunion hatte sich in keiner Weise in die inneren Angelegenheiten des Iran eingemischt, und die Tudeh-Partei war und blieb auch unter der kurzfristigen Herrschaft Mossadeghs verboten.

Von Schah Mohammad Reza Pahlavi, der aus dem Exil wieder in den Iran zurückkehren konnte, wurde die Tudeh-Partei weiteren grausamen Verfolgungen durch die iranische Geheimpolizei SAVAK ausgesetzt – wiederum mit Wissen und ziemlich offener Billigung der westlichen Demokratien, die das terroristische Schah-Regime geradezu hofierten. Von der Sowjetunion kam aber auch kaum Protest, denn sie wollte die immer enger werdenden und äußerst lukrativen wirtschaftlichen Beziehungen mit dem Iran nicht gefährden. Auf die wirtschaftlichen folgten die diplomatischen. 1972 nahm auch die DDR diplomatische Beziehungen mit dem Schah-Regime auf.

Dies geschah zu einem Zeitpunkt, als der terroristische Charakter des Schah-Regimes unverkennbar war. In einigen westlichen Ländern kam es zu Demonstrationen gegen den Schah. So auch im damaligen Westberlin, wo der Student Benno Ohnesorg im Jahr 1967 von einem Berliner Polizisten erschossen wurde, der – wie wir jetzt wissen – im ›Nebenberuf‹ auch noch Mitarbeiter der Stasi war.

Wie andere Diktaturen auch, wurde die iranische aber nicht durch die Proteste im Ausland gestürzt, denen sich übrigens viele Exil-Iraner angeschlossen hatten. Wichtiger und folgenreicher waren die Proteste im Iran selbst.[329] Sie entzündeten sich aber nicht nur an der terroristischen, sondern weit mehr an der modernisierenden Politik des Schah-Regimes. Betroffen davon waren die iranischen Großgrundbesitzer, die angesichts der vom Schah angekündigten, aber niemals verwirklichten Landreform befürchteten, wenigstens einen Teil ihres Landes und ihrer sozialen Macht zu verlieren. Derartiges hatten die schiitischen Geistlichen eigentlich nicht zu befürchten. Dennoch störten sich die Mullahs an einigen Reformen des Schahs, durch die sie sich in ihren religiösen Überzeugungen verletzt fühlten. Dazu gehörte auch die Einführung des Frauenwahlrechts, was für die traditionell antifeministisch eingestellten iranischen Mullahs und generell für fundamentalistische Islamisten einen unerhörten Tabubruch darstellte. Zu ihrem Sprecher machte sich ein damals nur wenig bekannter Ayatollah. Sein Name war Ruhollah Khomeini – ein Mann, der nicht nur das Schah-Regime stürzte, sondern die Welt erschütterte, wie es kaum jemand vor ihm und bisher keiner nach ihm vermocht hat.

Aus diesem Grund – und weil er, was heute allerdings nur wenige wissen, einer der schlimmsten Kommunistenjäger war – soll etwas ausführlicher auf seinen Lebensweg eingegangen werden.

Ruhollah Khomeini wurde 1902 als Ruhollah Musavi in der Kleinstadt Khomein geboren, nach der er sich später nannte.[330] Sein Vater war ein islamischer Geistlicher. Der junge Khomeini folgte seinem Beispiel. Im Alter von nur 15 Jahren brach er den Schulbesuch ab, um sich zunächst in Arak und später in Qom zum islamischen Rechtsgelehrten ausbilden zu lassen. Dieses ›Studium‹ schloss er 1936 mit dem Erwerb des Titels eines Mudjahid ab, um danach selbst in Qom islamisches Recht und Philosophie zu lehren. Khomeini war bis dahin einer von vielen islamischen Geistlichen. Nichts deutete darauf hin, dass er Politiker werden wollte.

Doch dies änderte sich schlagartig, als der bis dahin völlig unbekannte Ayatollah am 22. März 1963 seine iranischen Landsleute dazu aufforderte, sich gegen den Schah zu erheben.

Die von Khomeini gepredigte »Revolution« begründete er religiös – genauer: mit dem Dschihad-Gedanken. Dies war neu und unerhört. Die Reaktion des Schah-Regimes ließ nicht auf sich warten. Khomeini wurde verhaftet, aber auf Druck des Großayatollahs wieder freigelassen und nur unter Hausarrest gestellt. Doch dies scheint auf Khomeini keinen großen Eindruck gemacht zu haben. Am 28. Oktober 1964 hielt er eine erneute öffentliche Schmährede gegen den Schah. Daraufhin wurde Khomeini in die Türkei abgeschoben, die er jedoch bald verließ, um zunächst in den Irak und schließlich ins französische Exil zu gehen.

Dort verfasste er sein Hauptwerk *Der islamische Staat*.[331] Seine Grundgedanken gehen auf Seyyed Nabawi Safawi zurück, der schon 1941 eine Organisation namens »Fedajin-e Islam« (die sich für den Islam aufopfern) gegründet hatte. Ihr Ziel war die Errichtung eines islamischen Staates, in dem die Scharia herrschen und der einen Dschihad gegen den Westen führen sollte. Khomeini brachte dies mit folgenden Worten auf den Punkt: »Der islamische Staat ist ein Staat des Gesetzes. In dieser Staatsform gehört die Souveränität einzig und allein Gott. Das Gesetz ist nichts anderes als der Befehl Gottes.«

Khomeini forderte also nichts anderes als einen theokratischen Gottesstaat. Dies war eine Kampfansage an die Aufklärung und zugleich an alle westlichen Ideen – sowohl des Liberalismus und Sozialismus als auch und vor allem des Kommunismus. Der war für Khomeini geradezu die Verkörperung des Bösen schlechthin. Kurz: der Teufel. Und zu eben diesem Teufel wollte Khomeini alle Aufklärer, Liberale, Sozialisten und nicht zuletzt auch Kommunisten schicken. Warum hat dies niemand bemerkt und entsprechend kritisiert?

Schuld waren zum einen die westlichen Medien. Sie wollten in Khomeini nicht das sehen, was er war, nämlich ein äußerst gefährlicher Fanatiker, sondern einen im Grunde harmlosen, ja gütigen islamischen Geistlichen. Zu dieser Fehlwahrnehmung hatte aber auch Khomeini selbst beigetragen. Zeigte er sich der Öffentlichkeit doch nicht als islamistischer (oder faschistischer)

Führer, sondern als einfacher und frommer Imam, der sich nur um das Seelenheil seiner Landsleute und Glaubensgenossen sorgte und keinerlei politische Ambitionen hegte.

Die Bilder des weißbärtigen Khomeini mit Turban und Kaftan, der sich noch dazu meist im Schneidersitz hockend ablichten ließ, machten im Westen die Runde. Sie vermittelten den offensichtlich erwünschten friedfertigen Eindruck, wodurch sich Khomeini so vorteilhaft von dem pomphaften und gewaltsamen Schah zu unterscheiden schien, dessen diktatorisches Regime erst jetzt als verbrecherisch erkannt und entsprechend kritisiert wurde. Khomeini dagegen galt als alter und weiser Mann und wurde entsprechend bewundert – übrigens auch von vielen europäischen Linken und selbst von den iranischen Kommunisten, die sich an die Seite Khomeinis stellten, anstatt ihm sofort den bedingungslosen Kampf anzusagen.

Die Macht der Bilder verschafften Khomeini auch in Persien große Bedeutung.[332] Er wurde zum Symbol und zur Leitfigur des Widerstandes gegen das Schah-Regime. Obwohl Khomeini scheinbar völlig hilf- und machtlos im fernen Pariser Exil saß, konnte er den Kontakt zur innerpersischen Opposition aufrechterhalten und auf sie einen immer stärker werdenden Einfluss ausüben. Seine Ansprachen und Botschaften an das iranische Volk wurden mit Hilfe der damals neuen und billig gewordenen Tonband-Kassetten in den Iran geschmuggelt, wo sie auf eine immer breiter werdende Zustimmung stießen. Die Mullahs veranstalteten Sympathiekundgebungen für Khomeini, die von der Armee gewaltsam aufgelöst wurden. Dabei starben 80 Menschen. Bei den Unruhen die im Fastenmonat Ramadan desselben Jahres in Teheran stattfanden, waren es mehrere Tausende. Das Regime verlor zunehmend die Kontrolle, was schließlich den Schah dazu veranlasste, das Land am 16. Januar 1979 fluchtartig zu verlassen.

Jetzt war die Stunde Khomeinis gekommen. In Begleitung von 150 Journalisten, die einen entsprechenden Medienrummel veranstalteten, kehrte er am 1. Februar 1979 nach Teheran zurück. Seine Anhänger bereiteten ihm einen begeisterten Empfang. Millionen säumten die Straßen, als er durch Teheran fuhr, um – auch dies eine geschickte PR-Aktion – zunächst einmal den dortigen Märtyrerfriedhof zu besuchen. Die politische Machtergreifung erfolgte umgehend und Schlag auf Schlag.

Schon vier Tage nach seiner Ankunft setzte Khomeini eine Gegenregierung unter Bazargan ein. Der noch amtierende Ministerpräsident Bachtiar beugte sich diesem Druck und trat am 11. Februar 1979 zurück. Alle noch im Lande befindlichen schahtreuen Politiker wurden daraufhin verhaftet. Die immer noch mögliche Gegenwehr der Armee wurde schon im Ansatz durch Terror gebrochen. Zahlreiche Offiziere wurden festgenommen, und die meisten von ihnen wurden sofort hingerichtet. Nachdem auch die übrigen Oppositionsgruppen in dem neu gebildeten Revolutionsrat ausgeschaltet worden waren, konnte Khomeini schon am 1. April 1979 die Islamische Republik Iran ausrufen.[333]

Wer in ihr das alleinige Sagen hatte, wurde in der neuen Verfassung vom 3. Dezember 1979 festgesetzt: niemand anders als Khomeini selbst. Er war alleiniger Revolutionsführer, Führer der (später aber wieder aufgelösten) Islamisch Republikanischen Partei (IRP), oberster Rechtsgelehrter und Stellvertreter des 12. Imams auf Lebenszeit.[334] Khomeini allein stand das Recht zu, die formal gewählten Präsidenten (zunächst Bazargan, dann Banisadr) der Islamischen Republik ein- und abzusetzen.

Gestützt auf die ihm offensichtlich widerspruchslos folgende Geistlichkeit sowie die später geschaffenen paramilitärischen Verbände der Revolutionswächter (Pasdaran) und ihrer Jugendorganisation, der Bassidschi[335], baute Khomeini sein fundamentalistisch-faschistisches Regime weiter aus: Alle Parteien, auch die Tudeh-Partei, die das Khomeini-Regime bis zu ihrem Verbot im Jahr 1982 unterstützt hatte, wurden aufgelöst und ihre Mitglieder verfolgt. Besonders schwer traf es wiederum die Kommunisten. Viele wurden verhaftet und brutalen Folterungen unterworfen.

Die Universitäten wurden geschlossen und erst nach einer »Reinigung« im islamistischen Sinne wieder eröffnet. Nahezu alle Banken und Industriebetriebe wurden verstaatlicht, und jegliche Opposition wurde im Keim erstickt. Zum Terror gegenüber der eigenen muslimischen Bevölkerung kam die Verfolgung von religiösen Minderheiten wie der Bahai und auch der Juden – was die meisten der noch im Iran verbliebenen Juden veranlasste, das Land fluchtartig zu verlassen. Insgesamt waren es 35 000.[336] Der von Anfang an vorhandene und von Khomeini auch von Anfang an geschürte Antisemitismus richtete sich dann aber vornehmlich gegen den Staat Israel. Er sollte nach dem Willen Khomeinis ganz einfach von der Landkarte gefegt werden. Zu diesem deutlich genug ausgesprochenen Zweck hat Khomeini den sogenannten Al-Quds-Tag (Jerusalemtag) ausgerufen, an dem für die »Befreiung« Jerusalems und die Vernichtung Israels gebetet und demonstriert wird. Keineswegs nur im Iran, sondern weltweit – bis vor kurzem auch in Berlin, wo sich einige Linke an diesem antisemitischen Festival beteiligten.

Es besteht kein Zweifel: Khomeinis »islamischer Gottesstaat« kann als fundamentalistisch-faschistisch eingestuft werden. Dies auch deshalb, weil er seinen Gründer und Repräsentanten, den 1989 gestorbenen Khomeini, überlebt hat. Der heutige Iran wird nach wie vor von einer Priesterkaste beherrscht, in der wiederum ein Ayatollah (gegenwärtig Chamenei) das Sagen hat. Die formal weltliche Regierung unter einem Präsidenten (gegenwärtig Ahmadinedschad) wird von einem, aus Geistlichen gebildeten, sogenannten Wächterrat kontrolliert. Das Volk hat weiterhin kein Mitspracherecht und wird bis in die Privatsphäre hinein von den Pasdaran und Bassidschi kontrolliert, die damit die Funktion ausüben, die sonst faschistische Parteien haben. Andererseits wird es aber mit sozialen Wohltaten geködert, die der Iran mit seinen Erdölexporten finanzieren kann. Jeder politische Widerstand und jeglicher Verstoß gegen die islamistischen Moralvorstellungen werden von der Geheimpolizei unterbunden und von Scharia-Gerichten bestraft. Es versteht sich von selbst, dass dies alles gegen die universellen Werte der Menschenrechte verstößt.

Hinzu kommt die Fortsetzung des bereits von Khomeini gepredigten eliminatorischen Antisemitismus.[337] Zu seinem Sprecher hat sich Präsident Ahmadinedschad gemacht, der Israel einen neuen nuklearen Holocaust androht und die Existenz des ersten leugnen lässt. Letzteres unter dem Beifall von Antisemiten und Auschwitzleugnern aus aller Welt.

Der islamistische Antisemitismus im Iran wird in fast aller Welt kritisiert. Doch über den ebenfalls islamistisch motivierten und geprägten Antikommunismus im Iran redet kaum jemand. Auch iranische Kommunisten scheinen eben nur böse Kommunisten zu sein. Dies zu kritisieren ist weder als antiiranisch noch als antiislamisch anzusehen.

4.4 »Apartheid«

»Apartheid« bedeutet im Niederländischen bzw. im Afrikaans genannten niederländischen Dialekt der weißen Südafrikaner so viel wie »Trennung«. Gemeint war die Trennung der verschiedenen ›Rassen‹. Sie wurde zwar mit ›Rassen‹-Gesetzen legitimiert, verstieß aber gegen die Menschenrechte und verschaffte Südafrika den Charakter eines gesetzwidrigen Rassenstaates. Dennoch wurde das, wie es verfälschend, ja geradezu verniedlichend genannt wurde, südafrikanische Apartheid-Regime lange Zeit von der »freien Welt« toleriert und insgeheim sogar in militärischer und wirtschaftlicher Hinsicht unterstützt. Galt es doch als ein Bollwerk gegen den weltweiten Kommunismus. Daher und weil der südafrikanische Rassenstaat seine verbrecherische Rassenpolitik auch mit Ideologien des Antikommunismus begründet hat, soll seine Geschichte im Folgenden behandelt werden.

Dabei müssen wir zunächst weit in die Geschichte zurückgreifen.[338] Genauer gesagt in das Jahr 1652, als die Niederländer am Kap eine Verpflegungsstation anlegten, welche die Aufgabe hatte, die nach Indien weiterfahrenden Schiffe mit frischem Wasser und Lebensmitteln zu versorgen. Zu diesem Zweck wurden dort einige Niederländer angesiedelt, zu denen 1688 auch 255 aus Frankreich vertriebene Hugenotten stießen. Im Unterschied zu allen anderen europäischen Kolonien entwickelte sich die niederländische Kapkolonie weder zur einer Handels- noch zu einer Siedlungskolonie. Stattdessen fand eine Anpassung an die Lebens- und Wirtschaftsweise der Afrikaner statt. Aus den Buren (Bauern), wie sie sich selbst nannten, wurden »Trek Buren«, d.h. halbnomadische Viehzüchter, die auf der Suche nach neuem Weideland mit ihren riesigen Rinderherden tief ins Landesinnere vorrückten.

Dabei stießen diese umherziehenden Bauern sehr bald auf den Widerstand der einheimischen Völker der Khoikhoi und der Xhosa, der jedoch sehr schnell gebrochen wurde. Die von den Buren abfällig so genannten Hottentotten und Kaffern wurden geschlagen und versklavt. Weitere Sklaven wurden aus Ostafrika und bald auch aus Asien importiert. Die Briten, die 1806 die vormals niederländische Kapkolonie übernahmen, ließen die – von Hannah Arendt so bezeichnete – atavistische »Rassegesellschaft« der Buren zunächst unangetastet.[339] Erst 1833 haben sie die Sklaverei in der Kapkolonie aufgehoben. Das veranlasste die Buren, mit ihren Sklaven und Rindern weiter ins Landesinnere vorzurücken. Auf ihrem Großen Treck bekamen sie es jedoch mit den von König Shaka vereinigten und militärisch gut trainierten Zulu-Stämmen zu tun. Obwohl zahlenmäßig weit unterlegen, konnten die Buren die Zulus 1838 in der Schlacht am Blood River besiegen.

1852 wurden im nördlichen Teil des heutigen Südafrikas die unabhängigen Republiken Oranje und Transvaal ausgerufen. Sie wurden zunächst von den Briten, die zur selben Zeit ihre Kapkolonie um Natal erweitert hatten, anerkannt und in Ruhe gelassen. Dies änderte sich, als 1869 bis 1871 auf dem Gebiet der Burenrepubliken Gold und Diamanten gefunden wurden, was die Begehrlichkeiten der Engländer weckte. Ein erster Angriff der Briten konnte jedoch 1880/81 von den Burenrepubliken abgewehrt werden, die sich daraufhin zur Zuid-Afrikaanschen Republiek vereinigten.

1899 versuchten es die Briten erneut. Die Buren wehrten sich verzweifelt und verwickelten das ihnen zahlenmäßig und militärtechnisch weit überlegene britische Heer in einen Partisanenkrieg. Um den Widerstand der kämpfenden Buren zu brechen, pferchten die Briten große Teile der burischen Zivilbevölkerung in *concentration camps* ein. Dort starben 30 000 Menschen, meist Frauen und Kinder. 1902 kapitulierten die Buren. Ihre Zuid-Afrikaansche Republiek wurde 1910 mit der britischen Kapkolonie sowie Natal zur Südafrikanischen Union vereinigt. 1919 erhielt sie das Mandat über die ehemals deutsche Kolonie Südwestafrika, dem heutigen Namibia.

1939 trat die 1931 unabhängig gewordene Südafrikanische Union auf der Seite Großbritanniens in den Krieg gegen Deutschland ein. Der Kriegseintritt war unter den beiden großen Parteien umstritten. Das waren die pro-britische Südafrikanische Partei von Jan Christiaan Smuts einerseits, die betont burische Nationale Partei James Barry Hertzogs andererseits. Ihr 1934 gebildetes Bündnis brach 1939 auseinander. Dennoch wurde Smuts zum Ministerpräsidenten gewählt und blieb es bis zum Kriegsende. 1948 wurde Smuts von Daniel François Malan von der sogenannten Gereinigten Nationalen Partei abgelöst, die 1934 aus Protest gegen die temporäre Vereinigung der Südafrikanischen und der Nationalen Partei gegründet worden war. Malan setzte die schon unter seinen Vorgängern begonnene Politik der Apartheid fort, die dazu führte, dass aus dem atavistischen ein moderner Rassenstaat wurde.

Mit seiner Errichtung hatte man schon unmittelbar nach der Ausrufung der Südafrikanischen Union begonnen. Durch den Natives Land Act von 1913 wurden viele der gerade der burischen Zwangsherrschaft entronnenen, aber von Anfang an nicht wahlberechtigten Schwarzafrikaner ihres Landes beraubt und auf andere, meist abgelegene und unfruchtbare Gebiete verdrängt. Dort wurden sehr bald Reservate errichtet.

Durch den Black Urban Area Consolidation Act von 1945 wurden den Schwarzen auch in den Bergwerks- und Industrieregionen bestimmte Wohngebiete *(townships)* zugewiesen. Aufgrund des Group Areas Act von 1950 wurde diese Verdrängungs- und Vertreibungspolitik auch auf »Coloured« (Mischlinge) und Asiaten (meist Inder) ausgedehnt.

Die Einpferchung in bestimmte Reservate wurde 1950 durch den Bantu Authorities Act legitimiert. In diesen, wie sie offiziell hießen, Bantustans wurden die Schwarzen vom sonstigen Bildungssystem ausgeschlossen, was durch ein eigenes Gesetz – dem Bantu Education Act – vorgeschrieben wurde. 1970 erhielten die Bewohner dieser verlogen als »Homelands« bezeichneten Gebiete eine eigene Staatsbürgerschaft, wodurch sie zu Ausländern in ihrem eigenen Land – Südafrika – wurden. Diejenigen Schwarzen, die in den weißen Gebieten arbeiten mussten, erhielten eigene Passbücher, die sie immer mit sich führen mussten und durch die ihnen nur der Weg zur und von der Arbeit genehmigt wurde. Durch zahllose weitere Verordnungen wurden die Schwarzen von den Weißen in den öffentlichen Gebäuden und Verkehrsmitteln sowie auf Bänken und in Badeanstalten getrennt. Dies wurde durch entsprechende Anschläge und Plakate bekanntgegeben.

Keineswegs mehr nur der Rassentrennung, sondern der rassistischen Diskriminierung der Schwarzen dienten die 1950 und 1957 erlassenen Verbote von sogenannten Mischehen und sexuellen Beziehungen zwischen Schwarzen und Weißen. Sie hatten eine fatale Ähnlichkeit mit den keine zwanzig Jahre zuvor im faschistischen Deutschland erlassenen Nürnberger Gesetzen. Um den zunehmenden Widerstand der Schwarzen zu brechen, wurden schließlich noch Gesetze verkündet, durch welche die Polizei ermächtigt wurde, mit aller, auch ungesetzlicher, Härte gegen *unlawful organisations* und den »Terrorismus« vorzugehen. Auch sie erinnerten an die entsprechenden deutschen Gestapo-Gesetze und Polizeiverordnungen. Der südafrikanische Rassenstaat erhielt dadurch wie der deutsche einen staatsterroristischen Charakter. Ich zögere nicht, ihn faschistisch zu nennen.

Doch diese Ansicht ist umstritten. Unbestritten ist jedoch der faschistische Charakter einiger Parteien,[340] die wie ihre europäischen Bruderparteien eine sowohl rassistische wie antikommunistische Ideologie vertraten.

Dieser südafrikanische Antikommunismus war jedoch zunächst ein Antikommunismus fast ohne Kommunismus. Die 1921 gegründete Communist Party of South Africa (SACP) war mit ihren knapp 2000 Mitgliedern eine Splitterpartei. Dennoch wurde sie 1950 verboten – nicht, weil sie selbst stark und mächtig war, sondern weil sie ein Bündnis mit dem tatsächlich starken und mächtigen African National Congress (ANC) eingegangen war.

Damit hatte die von Weißen gegründete und nach wie vor auch von Weißen angeführte SACP die Rassenschranken durchbrochen und zeigte sich bereit, den südafrikanischen Rassenstaat zu bekämpfen. Dies fand naturgemäß den Beifall verschiedener schwarzer Südafrikaner, die der SACP beitraten. Darunter waren einige Anführer des ANC wie Steve Biko, Nelson Mandela und Walter Sisulu, die eine militante und bewaffnete Widerstandsorganisation formten, die »Speer der Nation« (Umkhonto We Sizwe) genannt wurde. Der »Speer der Nation« wurde zwar verboten, und ihre Führer wurden ins Exil getrieben oder – wie Mandela – eingekerkert. Dennoch gelang es der südafrikanischen Regierung nicht, den Widerstand zu brechen. 1976 wurde ein Schüleraufstand in dem Johannesburger Vorort Soweto blutig niedergeschlagen. Ein Jahr später wurde Steve Biko ermordet. Und 1984 wurden Hunderte streikende Arbeiter von der Polizei getötet. Um weitere Repressionen zu legitimieren, wurde 1985 der Ausnahmezustand ausgerufen.

Obwohl dies alles im eklatanten Widerspruch zu den Regeln des Menschen- und Völkerrechts stand und mit Demokratie nicht das Geringste gemein hatte, sind die Untaten des südafrikanischen Apartheid-Regimes von den westlichen Demokratien toleriert worden. Grund dafür war wiederum die westliche Angst vor dem weltweiten Kommunismus. Die südafrikanische Regierung nutzte dies aus, indem sie ihre völlig unrechtmäßige Rassen- und Unterdrückungspolitik als berechtigte Abwehr des Kommunismus ausgab. Darüber hinaus bekämpfte sie die als kommunistisch angesehenen und tatsächlich auch von einigen kommunistischen Staaten unterstützten Befreiungsbewegungen in Angola, Mozambique und Namibia – jedoch mit immer geringer werdendem Erfolg. In Angola wurden südafrikanische Truppen von Einheiten der kubanischen Armee sogar mehrmals geschlagen. Doch dies bestärkte die amerikanische Regierung in ihrer Einschätzung, dass auf das südafrikanische Apartheid-Regime aus politischen, vor allem geopolitischen Gründen nicht zu verzichten sei. Daher wurde es vom Westen in militärischer, politischer und vor allem wirtschaftlicher Hinsicht weiter unterstützt. Das von der UNO verkündete Embargo wurde so unterlaufen. Damit war es jedoch nach dem Zerfall des kommunistischen Ostblocks vorbei. Das antikommunistische Apartheid-Regime wurde nicht mehr gebraucht.

Der südafrikanische Präsident Frederik Willem de Klerk zog aus dieser sich radikal verändernden weltpolitischen Situation radikale innenpolitische Konsequenzen. Er hob den von seinem Vorgänger Pieter Willem Botha 1985 verkündeten Ausnahmezustand auf, ließ 1990 den ANC wieder zu und befreite dessen Führer Nelson Mandela aus dem Gefängnis. Ein von de Klerk initiiertes Referendum führte zwei Jahre später – 1992 – zur Aufhebung der Apartheid. Bei den ersten freien Wahlen im Jahr 1994 errang der übrigens wieder von der Kommunistischen Partei unterstützte ANC einen überwältigenden Sieg. Der zum Präsidenten gewählte Nelson Mandela betrieb eine Politik der Demokratisierung und Aussöhnung, die bisher erfolgreich war und Südafrika in die demokratische Staatengemeinschaft führte. Dafür wurde Mandela mit dem Friedensnobelpreis ausgezeichnet.[341]

Zu loben ist auch das Verhalten der weißen Bevölkerung, weil sie sich dem Transitionsprozess nicht widersetzt und auch loyal mit den neuen Behörden zusammengearbeitet hat. Darunter auch mit der Truth and Reconciliation Commission, die einige der Verbrechen des Apartheid-Regimes aufgedeckt hat, was aber nur zur Bestrafung ganz weniger Täter führte. Die vielen Opfer sind bis heute für das erlittene Leid kaum entschädigt worden. Man kann daher weder von einer wirklichen »Vergangenheitsbewältigung« noch von einer »Wiedergutmachung« sprechen.[342] Auch die westlichen Demokratien haben sich bisher nicht für ihre Unterstützung des rassistischen und antikommunistischen Apartheid-Regimes entschuldigt oder gar dessen Opfer entschädigt.

Eine Ideologie ging um in der Welt

Zusammenfassung

Das »Gespenst des Kommunismus« ging nach den Worten von Marx und Engels »um in Europa«. Die in diesem Buch beschriebene Ideologie des Antikommunismus ging dagegen um in der Welt. Genau genommen handelte es sich um mehrere Ideologien, d.h. um Begriffe und Wörter, mit denen politische Forderungen und Ziele gerechtfertigt wurden. Mit den Ideologien des Antikommunismus wurde die häufig religiös, genauer katholisch, protestantisch, aber auch islamistisch motivierte »heilige Hetzjagd« gegen mehrere tatsächliche oder auch nur vermeintliche Kommunismen begründet. Nicht nur gegen den Bund der Kommunisten und seine Nachfolger, sondern auch gegen weitere anarchistische, sozialistische, stalinistische, maoistische und andere Parteien und Regime. Die Ideologien des Antikommunismus waren meist mit antisemitischen, antislavistischen, antiasiatischen, ostimperialistischen Ideologien sowie mit Geostereotypen über den als bedrohlich angesehenen »Osten« verbunden. Beim Antikommunismus handelte es sich um ein ideologisches Konglomerat, das in verschiedenen Ländern und Zeiten in unterschiedlicher Form anzutreffen war, heute aber Geschichte geworden zu sein scheint. An seine Stelle scheint der Antiislamismus getreten zu sein. Diese allgemeine Entwicklung fand aber nicht in allen Ländern in der gleichen Form statt.

In Deutschland begann die Ideologiegeschichte des Antikommunismus mit einer Verschwörungsideologie, die sich ursprünglich gegen den Bund der Kommunisten, dann aber auch gegen die mehr reformistisch als revolutionär eingestellte SPD richtete. Die antikommunistische wurde dann mit einer antisemitischen Verschwörungsideologie verbunden. Nach und wegen der bolschewistischen Revolution in Russland wurde daraus die Ideologie von der »jüdisch-bolschewistischen Weltverschwörung«. Sie stand im Zentrum von Hitlers »Weltanschauung« und prägte zusammen mit einigen anderen antislavistischen, antiasiatischen, ostimperialistischen Ideologien sowie Geostereotypen vom »Osten« das Programm des Dritten Reiches, das zunächst im innen- und später im außenpolitischen Bereich exekutiert wurde. Letzteres vor allem durch den »Vernichtungskampf« gegen das als »jüdisch-bolschewistisch« angesehene Regime in Russland, auf dessen Kosten »Lebensraum« gewonnen werden sollte. Dies war verbrecherisch.

Dennoch wurde dieses antikommunistisch-antisemitisch-antiasiatische und ostimperialistische ideologische Konglomerat in der Bundesrepublik tradiert, wobei nur die antisemitischen Elemente etwas abgeschwächt wurden. Der Antikommunismus selbst war so etwas wie die Staatsideologie der Bundesrepublik, die sowohl ihre Außen- wie auch ihre Innenpolitik prägte. Im Zuge der weltweiten Entspannungs- und der innenpolitischen Reformpolitik kam es dann jedoch zu einer gewissen Abschwächung des Antikommunismus. Bei der Neuen Linken und generell bei Angehörigen der jüngeren Generation schien der Antikommunismus durch den Antifaschismus ersetzt worden zu sein.

Umso erstaunlicher war und ist, dass der Antikommunismus nach dem Ende des europäischen Kommunismus eine Renaissance erfuhr. Antikommunismus ist wieder in. Erst in der unmittelbaren Gegenwart scheint er vom Antiislamismus verdrängt zu werden. Insgesamt wies die Ideologiegeschichte des deutschen Antikommunismus einige Besonderheiten auf, die ihn von der in anderen Ländern unterschied.

Auch von der in den USA. Dort wurzelte die Ideologie des Antikommunismus in einer spezifisch amerikanischen Angst vor dem *enemy within*. Zu diesem »inneren Feind« wurde dann auch die spät entstandene und immer schwach gebliebene amerikanische Arbeiterbewegung gezählt. Ihre rücksichtslose Bekämpfung wurde fast ausschließlich mit antikommunistischen und weit weniger mit antisemitischen Ideologien begründet.

Zu einer weiteren Radikalisierung des amerikanischen Antikommunismus kam es nach und wegen des Ausbruchs des Kalten Krieges. Antikommunistische Verschwörungsideologien verbreiteten sich. Zu ihren Opfern wurden die ganz kleine und äußerst schwache Kommunistische Partei der USA sowie weitere linke Gruppierungen und einzelne Personen, die der Spionage oder auch nur der Sympathie für den Kommunismus verdächtigt wurden. Die damit losgetretene antikommunistische Verfolgungswelle wurde nach dem Senator Joseph McCarthy als »McCarthyismus« bezeichnet. Das ist eine unzulässige, weil letztlich verharmlosende Personalisierung des amerikanischen Antikommunismus, der zudem mit dem Ende der politischen Karriere des Kommunistenjägers McCarthy nicht beendet war, sondern die weitere Innen- und vor allem auch die Außenpolitik der USA prägte. Letztere wurde *containment policy* genannt und sollte die politische und militärische Intervention der USA in verschiedenen südamerikanischen, ostasiatischen und afrikanischen Ländern rechtfertigen. Dies wurde zunehmend erkannt und kritisiert, was dazu führte, dass der antikommunistische Kurs in der Innen- und Außenpolitik abgemildert wurde.

Aufgegeben wurde die Ideologie des Antikommunismus jedoch keineswegs vollständig. Der Untergang des europäischen Kommunismus wurde sogar als Bestätigung für die Richtigkeit der Ideologie des Antikommunismus angesehen. Gegen die vermeintlichen islamistischen Nachfolger des vormaligen kommunistischen »Reichs des Bösen« haben die USA weitere Kriege geführt, die bis heute nicht beendet sind. Aufgearbeitet oder gar bewältigt ist die Geschichte des amerikanischen Antikommunismus noch nicht.

Dies ist auch beim europäischen Antikommunismus noch nicht der Fall, was am Beispiel des französischen, italienischen, polnischen und spanischen Antikommunismus gezeigt wurde. In Frankreich war der Antikommunismus lange Zeit wenig verbreitet, weil er abgelehnt wurde von den führenden Intellektuellen des Landes, die gewisse Sympathien für den Kommunismus hegten. Davon sind nicht alle, aber viele der ehemals sehr weit links stehenden französischen Intellektuellen durch die Veröffentlichung des autobiografischen Berichts Alexander Solschenizyns über den *Archipel Gulag* geheilt worden. Dies rechtfertigte aber nicht den abrupten Wandel vom Kommunismus zum Antikommunismus. In Solschenizyns Buch waren die Verbrechen des Stalinismus und keineswegs die des Kommunismus insgesamt genannt und angeprangert worden. Einige Intellektuelle verbanden den neuen französischen Antikommunismus mit gewissen antisemitischen Ideologien. Beispiel und Beweis dafür ist das Aufleben des antisemitisch-antikommunistischen Stereotyps vom »jüdischen Bolschewismus«. Hinzu kommt auch in Frankreich die alte und neue Angst vor dem Islamismus.

Letztere ist auch im gegenwärtigen Italien virulent, wo es zu einer Wiederbelebung des italienischen Stereotyps vom »slawischen Kommunismus« (Slavo-Comunista) gekommen ist. Anlass waren Leichenfunde im heutigen Kroatien. Bei den dort begrabenen oder genauer verscharrten Menschen soll es sich um Italiener handeln, die nach der Befreiung der vom italienischen Faschismus okkupierten kroatischen und slowenischen Landesteile von jugoslawischen Kommunisten ermordet worden sein sollen. Dies rechtfertigt aber nicht, das Schlagwort »Slavo-Comunista« zu revitalisieren, mit dem die italienischen Faschisten ihre ersten, an den Angehörigen der slawischen Minderheit im Nordosten Italiens begangenen Verbrechen legitimierten.

Die Verfolgung und Ermordung italienischer Kommunisten wurde von den Faschisten ausschließlich mit antikommunistischen Ideologien begründet. Zu einer Verbindung der Ideologien des Antikommunismus mit dem Antisemitismus kam es in Italien erst zur Zeit der radikalfaschistischen Republik von Salò. Dort fochten italienische Faschisten und Antifaschisten einen blutigen Bürgerkrieg aus, der mit dem Sieg der

Antifaschisten und der Befreiung Italiens von der Herrschaft des italienischen und deutschen Faschismus endete.

Die gemeinsame Erinnerung an den zum Mythos verklärten italienischen Antifaschismus vereinte die italienischen Kommunisten und Antikommunisten zwar nicht unbedingt, hielt sie aber davon ab, so übereinander herzufallen, wie das in anderen europäischen Ländern der Fall gewesen war. Dies erfüllte die amerikanische Regierung mit Besorgnis und veranlasste den amerikanischen Geheimdienst CIA, Putschpläne zu unterstützen, die vonseiten des italienischen Militärs und einer Geheimgesellschaft vorbereitet worden waren. Doch daraus wurde nichts. Das von den Christdemokraten geprägte und dominierte politische System Italiens wurde nicht gestürzt, es versank in einem Sumpf von Korruption und allgemeiner politischer Misswirtschaft.

Die Kommunistische Partei konnte davon allerdings nicht profitieren. Sie überlebte zwar noch den Untergang ihres großen christdemokratischen Gegners, wurde nach dem Zerfall des Ostblocks jedoch nahezu bedeutungslos, was die sehr weit rechts stehende Berlusconi-Regierung nicht hinderte, eine Kampagne gegen den in Osteuropa ganz und in Italien fast untergegangenen Kommunismus zu entfachen. Hier wurden ›antikommunistische Steine‹ aus einem fast schon ›faschistischen Glashaus‹ geworfen.

In Polen war und ist dies anders. Das neue demokratisierte Polen hatte und hat allen Grund, sich mit seiner kommunistischen Vergangenheit auseinanderzusetzen. Wenngleich der polnische Antikommunismus eine gewisse Berechtigung hat, ist aber zu kritisieren, dass dieser Antikommunismus – wie schon vor der Zeit der kommunistischen Herrschaft – wieder mit Antisemitismus verbunden ist. Deutliches und unverkennbares Anzeichen dafür ist das Wiederaufleben des Schlagworts von der »Zydokomuna«.

Dieses antikommunistisch-antisemitische Stereotyp ist in der Zwischenkriegszeit entstanden, als sich Polen vom übermächtigen sowjetischen Nachbarn im Osten bedroht fühlte.

Diese Furcht war insofern nicht unbegründet, als die Sowjetunion einige an Polen abgetretene Gebiete wiederhaben wollte, was sie 1939 auch erreichte. Allerdings im informellen Bündnis mit dem faschistischen Deutschland und keineswegs mit Hilfe von irgendwelchen jüdischen Kommunisten, von denen es in Polen nur sehr wenige gab. Dennoch wurden gerade Juden von ihren polnischen Landsleuten zu Beginn wie auch nach dem Ende des Zweiten Weltkrieges verdächtigt, mit dem ebenfalls als jüdisch konnotierten Kommunismus in Gestalt der Roten Armee zu kollaborieren. Sie wurden zu Opfern dieser antikommunistisch-antisemitischen Verschwörungsideologie.

Zu dieser Schuld haben sich die Polen bis heute nicht bekannt. Grund dafür war zum einen der traditionelle und bereits in der Zeit der polnischen Teilung entstandene Opfer-Mythos. Die Polen waren oder wollten immer Opfer gewesen sein – Opfer sowohl des Faschismus wie auch des Kommunismus. Hinzu kamen die Ideologien des Antisemitismus und des Antikommunismus, die nicht nur, aber vor allem von der katholischen Kirche vertreten wurden, die in Polen schon immer über die zumindest geistige Hegemonie verfügt hat. Dies festzustellen und anzuklagen heißt aber nicht, über die Verbrechen hinwegzusehen, die das kommunistische Regime bei der Bekämpfung der wesentlich von der katholischen Kirche unterstützten polnischen Opposition begangen hat. Zumal sie auch mit antisemitischen Ideologien begründet wurden. Polen hat insofern eine doppelte, antikommunistische und antisemitische, Vergangenheit. Ihre Aufarbeitung steht noch aus.

In Spanien hat die Aufarbeitung der dort ausschließlich antikommunistischen Vergangenheit noch nicht einmal begonnen. Gemeint sind die Verbrechen des faschistischen Franco-Regimes, denen ungezählte tatsächliche oder auch nur vermeintliche Kommunisten zum Opfer gefallen sind, die während und dann auch noch lange nach dem Spanischen Bürgerkrieg ermordet wurden. Erst in jüngster Zeit hat man damit begonnen, die achtlos verscharrten Leichen wieder auszugraben und ihnen ein anständiges Begräbnis zu gewähren.

Die katholische Kirche hat den antikommunistischen Ausrottungsfeldzug der spanischen Faschisten und ihrer deutschen und italienischen Bundes- und Gesinnungsgenossen nicht etwa verurteilt, sondern geradezu gesegnet – unter Berufung auf den zeitlich wie inhaltlich als mittelalterlich zu kennzeichnenden Kreuzzugsgedanken. Insofern hatte die in Spanien betriebene »Hetzjagd« gegen den Kommunismus wirklich einen »heiligen« Charakter. Die katholische Kirche bis hinauf zum Papst hat hier Schuld auf sich geladen und allen Grund, sich zu dieser Schuld zu bekennen, was sie bis heute nicht getan hat.

Dieses katholische Schweigen kann man aber nur dann anklagen, wenn man auch das Verschweigen der Verbrechen des faschistischen Franco-Regimes durch die westlichen Demokratien anklagt. Handelte es sich doch um ein zustimmendes Schweigen. Die westlichen Demokratien haben der antikommunistischen Ideologie zugestimmt, mit der die spanischen Faschisten ihre an den Kommunisten begangenen Verbrechen legitimierten. Hier hat der unbestrittene und vielleicht auch berechtigte demokratische Sieger im Kampf gegen den undemokratischen Kommunismus noch einiges aufzuarbeiten.

Das gilt mehr noch für die Verbrechen des Antikommunismus in der sogenannten Dritten Welt. Denn an ihnen waren die westlichen Demokratien, allen voran die USA, selbst beteiligt. In Chile wurde der Putsch gegen die rechtmäßige Regierung des Sozialisten Salvador Allende vom amerikanischen Geheimdienst CIA zumindest mit vorbereitet. Dies ist ebenso zu verurteilen wie das wiederum sehr zustimmende Schweigen der gesamten amerikanischen Administration und nicht zuletzt auch der Regierung der Bundesrepublik Deutschland über die Verbrechen des Pinochet-Regimes.

Geradezu skandalös ist das bis heute anhaltende Verschweigen der antikommunistischen Massaker in Indonesien, denen nach neuesten Schätzungen drei Millionen Menschen zum Opfer gefallen sind. Nicht wenige von ihnen gehörten der chinesischen Minderheit an. Diese Massaker hatten schon Züge eines intendierten und rassistisch motivierten Genozids.

Bekannt, aber ebenfalls bis heute nicht aufgearbeitet sind die Verbrechen des rassistischen Apartheid-Regimes in Südafrika. Diese Verbrechen wurden auch im Geiste eines Antikommunismus begangen, der von den westlichen Demokratien begrüßt wurde. Dabei war Südafrika weder im innen- noch im außenpolitischen Bereich vom Kommunismus bedroht.

Im Iran war dies etwas anders. Wegen seines Ölreichtums war das Land tatsächlich vom sowjetischen und mehr noch vom britischen und amerikanischen Imperialismus bedroht. Zu Opfern dieses imperialistischen Wettstreits um die Vormacht im Iran sind viele Mitglieder der kommunistischen Tudeh-Partei geworden. Ihre Verfolgung begann schon in der Zwischenkriegszeit, um dann nach 1945 durch das autoritäre Schah-Regime fortgesetzt zu werden – was von der Sowjetunion nicht verhindert und von den USA sogar begrüßt worden ist.

An der Seite und in einem informellen Bündnis mit islamistischen Kräften beteiligte sich die Tudeh-Partei dann an dem Widerstand gegen das von der Sowjetunion umworbene und von den USA sogar offen unterstützte Schah-Regime. Gedankt wurde das den iranischen Kommunisten nicht. Im Gegenteil. Ihre Partei wurde vom islamistischen Khomeini-Regime verboten, und ihre Mitglieder wurden grausamen Verfolgungen ausgesetzt, die bis heute anhalten. Die Verfolgung der iranischen Kommunisten wurde und wird mit einer neuen, islamistischen Variante des Antikommunismus begründet.

Dies ist – in einer Zeit, da in der übrigen Welt der Antikommunismus mehr und mehr durch den Antiislamismus ersetzt worden ist – eine höchst merkwürdige Entwicklung. Sie sollte uns aber nicht veranlassen, beide Ideologien in irgendeiner Weise zu rechtfertigen. Der Antiislamismus hat noch Zukunft, während der Antikommunismus der Vergangenheit anzugehören scheint. Das kann sich allerdings ändern.

Daher ergibt es Sinn, die Ideologiegeschichte des Antikommunismus von seinen Anfängen bis heute und zugleich im globalen Rahmen zu skizzieren. Doch was kann man aus dieser nicht vergangenen Geschichte für die Gegenwart und Zukunft lernen?

Zum einen, dass die Ideologien des Antikommunismus niemals und nirgendwo gut und berechtigt waren – schon deshalb nicht, weil sie in der Regel mit anderen noch schlechteren und gefährlicheren Ideologien, insbesondere mit dem Antisemitismus, verbunden waren. Die kritische Darstellung der Ideologien des Antikommunismus lehrt aber auch, dass diese von der ebenso berechtigten wie notwendigen Kritik zu trennen sind, die am Stalinismus, Maoismus und anderen autoritären und antidemokratischen Parteien und Regimen geübt werden muss, die als kommunistisch betrachtet wurden oder sich selbst so betrachtet haben. Denn weder Stalinismus noch Maoismus hatten mit dem, was sich Marx und Engels unter Kommunismus vorgestellt haben, auch nur das Geringste zu tun.

Die von Marx und Engels prophezeite herrschaftsfreie kommunistische Zukunftsgesellschaft kann als eine durchaus anzustrebende Utopie angesehen werden. Kommunismus ist ein Ideal, Antikommunismus war eine abzulehnende Ideologie.

Anmerkungen

1 Karl Marx und Friedrich Engels: »Manifest der Kommunistischen Partei«. In: *MEW*, Bd. 4. Berlin 1959. S. 459–493. Hier S. 459.

2 Terry Eagleton: *Ideologie. Eine Einführung.* Stuttgart 1993; Gerhard Hauck: *Einführung in die Ideologiekritik.* Hamburg 1992.

3 Reinhart Koselleck: »Einleitung«. In: Otto Brunner, Werner Conze und Reinhart Koselleck (Hrsg.): *Geschichtliche Grundbegriffe. Historisches Lexikon zur politisch-sozialen Sprache in Deutschland.* Bd. 1. Stuttgart 1972. S. XIV ff.

4 Kurt Lenk: *Volk und Staat. Strukturwandel der politischen Ideologien im 19. und 20. Jahrhundert.* Stuttgart 1971. S. 20 ff.

5 Die politische Geschichte des Antikommunismus müsste vor dem Hintergrund der gesamten Geschichte des Kommunismus geschrieben werden. Dies kann hier – noch – nicht geschehen.

6 Neben der informativen Geschichte des Marxismus von Leszek Kolakowski: *Die Hauptströmungen des Marxismus. Entstehung, Entwicklung, Zerfall.* Bde. 1–3. Zürich 1976 ff. siehe auch: Günter Bartsch: *Kommunismus, Sozialismus, Anarchismus. Wurzeln, Unterschiede und Gemeinsamkeiten.* Freiburg 1976; David Priestland: *Weltgeschichte des Kommunismus. Von der Französischen Revolution bis heute.* München 2009; Stéphane Courtois: *Das Handbuch des Kommunismus. Geschichte – Ideen – Köpfe.* München 2010; Gerd Koenen: *Was war der Kommunismus?* Göttingen 2010.

7 Prokommunistisch ausgerichtet sind unter anderem: Leo Stern: *Der Antikommunismus als Hauptdoktrin des deutschen Imperialismus.* Berlin 1963; F. D. Ryshenko und O. Reinhold: *Der gegenwärtige Antikommunismus – Politik und Ideologie.* Frankfurt am Main 1974; Hans Teller: *Der kalte Krieg gegen die DDR. Von seinen Anfängen bis 1961.* Berlin 1979; Akademie für Gesellschaftswissenschaften beim Zentralkomitee der SED und Institut für Gesellschaftswissenschaften beim Zentralkomitee der KPdSU (Hrsg.): *Antikommunismus heute. Die Krise der imperialistischen Strategie zu Beginn der achtziger Jahre und der Antikommunismus in Ideologie und Politik.* Berlin 1981; Wladimir Bolschakow: *Kreuzritter aus Washington.* Moskau 1984.

8 Antikommunistisch geprägt sind unter anderem: Kurt Marko: »Antikommunismus«. In: C. D. Kernig (Hrsg.): *Sowjetsystem und demokratische Gesellschaft. Eine vergleichende Enzyklopädie*, Bd. 1. Freiburg 1966. Sp. 237–245; Kai-Uwe Merz: *Kalter Krieg als antikommunistischer Widerstand.* München 1987; Gesine Schwan: *Antikommunismus und Antiamerikanismus in Deutschland. Kontinuität und Wandel nach 1945.* Baden-Baden 1999.

9 Zu den meisten Ländern liegen keine Studien vor. Gut erforscht ist dagegen die Geschichte des Antikommunismus in den USA. Dazu: Michael J. Heale: *American Anticommunism. Combating the Enemy Within, 1830–1970.* Baltimore 1999.

10 In Deutschland trifft dies auf die Geschichte des Antikommunismus in der Bundesrepublik zu. Dazu liegen einige Spezialstudien vor. Hier nur die wichtigsten: Werner Hofmann: *Stalinismus und Antikommunismus.* Frankfurt am Main 1967; Klaus Körner: *»Die Rote Gefahr«. Antikommunistische Propaganda in der Bundesrepublik 1950–2000.* Hamburg 2003; Jan Korte: *Instrument Antikommunismus. Sonderfall Bundesrepublik.* Berlin 2009.

11 *Die Communisten-Verschwörungen des neunzehnten Jahrhunderts. Im amtlichen Auftrag zur Benutzung der Polizei-Behörden der sämmtlichen deutschen Bundesstaaten aufgrund der betreffenden gerichtlichen und polizeilichen Acten dargestellt von Dr. jur. Wermuth, Königl. Hannöverscher Polizei-Director und Dr. jur. Stieber, Königl. Preußischer Polizei-Director.* Berlin 1853.

12 Zum Folgenden: Wilhelm J. C. E. Stieber: *Spion des Kanzlers. Die Enthüllungen von Bismarcks Geheimdienstchef.* Stuttgart 1978. Die Originalausgabe erschien unter dem Titel *Denkwürdigkeiten des Geheimen Regierungsrathes Dr. Stieber. Aus seinen hinterlassenen Papieren bearbeitet von Dr. Leopold Auerbach* (Berlin 1884).

13 Ebd. S. 31.

14 Ebd. S. 33.

15 Ebd. S. 40f.

16 Karl Marx: »Enthüllungen über den Kommunisten-Prozeß zu Köln« (1853). In: *MEW*, Bd. 8. Berlin 1960. S. 405–470. Hier S. 411.

17 Wilhelm J. C. E. Stieber: *Spion des Kanzlers.* S. 41.

18 Ausführlich zur Fälschungsgeschichte: Karl Marx: »Enthüllungen«. S. 431ff.

19 Empört erklärte Stieber dazu in seinen Erinnerungen: »Insbesondere streute man von London das Gerücht aus, alles gegen die Beklagten gerichtete Belastungsmaterial sei von mir und anderen deutschen Stellen gefälscht worden und daher nichts als Lüge und Betrug.« Wilhelm J. C. E. Stieber: *Spion des Kanzlers.* S. 42.

20 Rudolf Herrnstadt: *Die erste Verschwörung gegen das internationale Proletariat. Zur Geschichte des Kölner Kommunistenprozesses 1852.* Berlin 1955. S. 378f.

21 Karl Marx: »Der Bürgerkrieg in Frankreich. Adresse des Generalrats der Internationalen Arbeiterassoziation«. In: *MEW*, Bd. 17. Berlin 1962. S. 313–365.

22 Ebd. S. 338.

23 Ebd. S. 362.

24 *Die Communisten-Verschwörungen des neunzehnten Jahrhunderts.* S. 3.

25 »Gothaer Programm der SAP«. In: Dieter Dowe und Kurt Klotzbach (Hrsg.): *Programmatische Dokumente der deutschen Sozialdemokratie.* Berlin 1973. S. 173.

26 »Gesetz gegen die gemeingefährlichen Bestrebungen der Sozialdemokratie vom 21.10.1878«. In: *Reichs-Gesetzsammlung* 34/1878. S. 351.

27 Dieter Groh: *Negative Integration und revolutionärer Attentismus. Die deutsche Sozialdemokratie am Vorabend des Ersten Weltkrieges.* Berlin 1973.

28 Karl Marx: »Zur Kritik der Hegelschen Rechtsphilosophie. Einleitung«. In: *MEW*, Bd. 1. S. 379f.

29 Die Forderung der »Trennung der Kirche vom Staat« findet sich im Eisenacher Programm der Sozialdemokratischen Arbeiterpartei von 1869; im Gothaer Programm der SAP von 1875 wurde Religion zur »Privatsache« erklärt. Dieter Dowe

und Kurt Klotzbach (Hrsg.): *Programmatische Dokumente der deutschen Sozialdemokratie.* S. 167 und 173.

30 Adolf Stoecker: *Das moderne Judenthum in Deutschland, besonders in Berlin.* Berlin 1880. S. 298 f.

31 Dazu: Norman Cohn: *Die Protokolle der Weisen von Zion. Der Mythos von der jüdischen Weltverschwörung.* Köln 1969; Ernst Piper: »Die jüdische Weltverschwörung«. In: Julius H. Schoeps und Joachim Schlör (Hrsg.): *Antisemitismus. Vorurteile und Mythen.* München 1995. S. 127 ff.; Ruth Körner: »Protokolle der Weisen von Zion«. In: Wolfgang Benz (Hrsg.): *Legenden, Lügen, Vorurteile. Ein Lexikon zur Zeitgeschichte.* München 1990. S. 157 f.; Hadassa Ben-Itto: *»Die Protokolle der Weisen von Zion« – Anatomie einer Fälschung.* Berlin 1998; Jeffrey L. Sammons: *Die Protokolle der Weisen von Zion. Die Grundlage des modernen Antisemitismus – eine Fälschung. Text und Kommentar.* Göttingen 1998; Stephen Eric Bronner: *Ein Gerücht über die Juden. Die »Protokolle der Weisen von Zion« und der alltägliche Antisemitismus.* Berlin 1999; Michael Hagemeister: »Der Mythos der ›Protokolle der Weisen von Zion‹«. In: Ute Caumanns und Mathias Niendorf (Hrsg.): *Verschwörungstheorien. Anthropologische Konstanten – historische Varianten.* Osnabrück 2001. S. 89–102; Wolfgang Wippermann: *Agenten des Bösen. Verschwörungstheorien von Luther bis heute.* Berlin 2007. S. 67 ff.

32 Gottfried zur Beek (Hrsg.): *Die Geheimnisse der Weisen von Zion.* Berlin 1920.

33 Herangezogen wurde die Übersetzung von Jeffrey L. Sammons: *»Die Protokolle der Weisen von Zion«. Die Grundlagen des modernen Antisemitismus – eine Fälschung. Text und Kommentar.* Göttingen 1998.

34 Ebd. S. 31 f.

35 Ebd. S. 32 ff.

36 Ebd. S. 36, 51.

37 Ebd. S. 53.

38 Ebd. S. 58.

39 Ebd. S. 61, 60, 65, 66.

40 Vgl. ebd. S. 94: »Unser König wird, sobald er sich in der Öffentlichkeit zeigt, immer von einer Menge scheinbar neugieriger Männer und Frauen umgeben sein.«

41 Ebd. S. 85, 67, 88.

42 Ebd. S. 110, 75.

43 Ebd. S. 110, 77.

44 Ebd. S. 54.

45 Ebd. S. 84.

46 Ebd. S. 75.

47 Ebd. S. 88.

48 Ebd. S. 63.

49 Ebd. S. 79, 90, 85, 78.

50 Zum Mythos bzw. zur Ideologie vom »jüdischen Bolschewismus« siehe die apologetische Studie von Johannes Rogalla von Bieberstein: *»Jüdischer Bolschewismus«. Mythos und Realität.* Dresden 2002. Zur Dekonstruktion des Mythos: Ulrich Her-

beck: *Das Feindbild vom »jüdischen Bolschewiken«. Zur Geschichte des russischen Antisemitismus vor und während der Russischen Revolution.* Berlin 2009.

51 Eine völlig kritiklose Zusammenstellung dieser antisemitisch-antibolschewistischen Literatur findet man bei Kai-Uwe Merz: *Das Schreckbild. Deutschland und der Bolschewismus 1917 bis 1921.* Berlin 1996.

52 Benjamin W. Segel: *The Protocols of the Elders of Zion. The Greatest Lie in History.* New York 1934. S. 13 f.

53 Adolf Hitler: *Mein Kampf.* München 1936. S. 337.

54 Dietrich Eckart: *Der Bolschewismus von Moses bis Lenin. Zwiegespräch zwischen Adolf Hitler und mir.* München 1924.

55 Ernst Nolte: »Eine frühe Quelle zu Hitlers Antisemitismus«. In: *Historische Zeitschrift* 192, 3/1961. S. 584–606.

56 Dietrich Eckart: *Der Bolschewismus.* S. 34.

57 Adolf Hitler: *Mein Kampf.* S. 772: »Hätte man zu Kriegsbeginn und während des Krieges einmal zwölf oder fünfzehntausend dieser hebräischen Volksverderber so unter Giftgas gehalten, wie Hunderttausende unserer allerbesten deutschen Arbeiter aus allen Schichten und Berufen es im Felde erdulden mußten, dann wäre das Millionenopfer der Front nicht vergeblich gewesen. Im Gegenteil: Zwölftausend Schurken zur rechten Zeit beseitigt, hätte vielleicht einer Million ordentlicher, für die Zukunft wertvoller Deutschen das Leben gerettet.«

58 Zum Folgenden auch: Wolfram Meyer zu Uptrup: *Kampf gegen die »jüdische Weltverschwörung«. Propaganda und Antisemitismus der Nationalsozialisten 1919–1956.* Berlin 2003.

59 Adolf Hitler: *Mein Kampf.* S. 255 ff.

60 Ebd. S. 262 ff.

61 Ebd. S. 275 ff.

62 Ebd. S. 269.

63 Ebd. S. 277.

64 Ebd. S. 350.

65 Ebd. S. 351.

66 Ebd. S. 357.

67 Ebd.

68 Ebd. S. 703.

69 Ebd. S. 598 f.

70 Ebd. S. 751.

71 Ebd. S. 752.

72 Ebd. S. 742.

73 Zu den ostimperialistischen Ideologien, die hier mit den antisemitischen und antikommunistischen verbunden wurden: Wolfgang Wippermann: *Die Deutschen und der Osten. Feindbild und Traumland.* Darmstadt 2007. S. 69 ff.

74 Beispielhaft: Eberhard Jäckel: *Hitlers Weltanschauung. Entwurf einer Herrschaft.* Stuttgart 1981.

75 Ernst Nolte: *Der Faschismus in seiner Epoche.* München 1963. S. 51: »Der Faschismus ist Anti-Marxismus, der den Gegner durch die Ausbildung einer radikal entgegengesetzten und doch benachbarten Ideologie und die Anwendung von nahezu identischen und doch charakteristisch umgebildeten Methoden zu vernichten trachtet, stets aber im Rahmen nationaler Selbstbehauptung und Autonomie.« Wie wir noch sehen werden, hat Nolte diese These in seinen späteren Arbeiten noch radikalisiert, in denen er ein mehr als anstößiges Verständnis für den faschistischen Antikommunismus und selbst Antisemitismus geäußert hat.

76 Dazu: Wolfgang Wippermann: *Die Deutschen und der Osten.* S. 25 ff.

77 Ausführlich dazu: Sven Reichardt: *Faschistische Kampfbünde. Gewalt und Gemeinschaft im italienischen Squadrismus und in der deutschen SA.* Köln 2002. S. 53 ff.

78 Die »rote« bzw. bolschewistische Gefahr ist jedoch auch von einigen anderen bürgerlichen Organisationen beschworen worden. Die wichtigste war die »Antibolschewistische Liga« Eduard Stadtlers. Dazu: Joachim Petzold: *Wegbereiter des deutschen Faschismus. Die Jungkonservative in der Weimarer Republik.* Köln 1978.

79 Gerhard Paul: *Aufstand der Bilder. Die NS-Propaganda vor 1933.* Bonn 1990.

80 Thilo Vogelsang (Hrsg.): »Neue Dokumente zur Geschichte der Reichswehr 1930–1933«. In: *Vierteljahrshefte für Zeitgeschichte* 2, 4/1954. S. 434 ff.

81 Zum Terrorfeldzug gegen die Kommunisten: Wolfgang Wippermann: *Umstrittene Vergangenheit. Fakten und Kontroversen zum Nationalsozialismus.* Berlin 1998. S. 49 ff.

82 Die Reichstagsrede Hitlers vom 30.1.1939 ist abgedruckt bei Kurt Pätzold: *Verfolgung, Vertreibung, Vernichtung.* Leipzig 1983. S. 217.

83 Frank Bajohr und Dieter Pohl: *Der Holocaust als offenes Geheimnis. Die Deutschen, die NS-Führung und die Alliierten.* München 2006.

84 Die Aufzeichnung der Rede Hitlers vom 30.3.1941 findet sich in Franz Halder: *Kriegstagebuch*, Bd. 2. Stuttgart 1963. S. 333 ff. Zitiert nach Wolfgang Michalka (Hrsg.): *Das Dritte Reich*, Bd. 2. München 1985. S. 52. Vier Tage zuvor, am 26.3.1941, hatte der Generalquartiermeister Wagner mit Reinhard Heydrich den »Befehl über die Zusammenarbeit mit Sicherheitspolizei und dem SD für den vorgesehenen Ostkrieg« ausgehandelt, der den Einsatz der Mordbanden der Einsatzgruppen regelte. Dazu: Gerd R. Ueberschär und Wolfram Wette (Hrsg.): *Der deutsche Überfall auf die Sowjetunion. »Unternehmen Barbarossa« 1941.* Paderborn 1984. S. 303 f.

85 Zitiert nach Wolfgang Michalka (Hrsg.): *Das Dritte Reich.* S. 53.

86 Ebd. S. 56 f.

87 Zitiert nach Omer Bartov: *Hitlers Wehrmacht. Soldaten, Fanatismus und die Brutalisierung des Krieges.* Reinbek 1995. S. 195.

88 Zitiert nach ebd. S. 196.

89 Ebd. S. 197.

90 Dazu: Lutz Lemhofer: »Gegen den gottlosen Bolschewismus. Zur Stellung der Kirchen zum Krieg gegen die Sowjetunion«. In: Gerd R. Ueberschär und Wolfram Wette (Hrsg.): *Der deutsche Überfall auf die Sowjetunion.* S. 131–139.

91 Zu den ideologischen Bestandteilen des Feindbildes vom »jüdischen Bolschewismus: Peter Jahn: »Russenfurcht und Antibolschewismus: Zur Entstehung und

Wirkung von Feindbildern«. In: Peter Jahn und Reinhard Rürup (Hrsg.): *Erobern und Vernichten. Der Krieg gegen die Sowjetunion 1941–1945.* Berlin 1991. S. 47–64; Arno J. Mayer: *Der Krieg als Kreuzzug. Das Deutsche Reich, Hitlers Wehrmacht und die »Endlösung«.* Reinbek 1989.

92 Michael Burleigh: *Die Zeit des Nationalsozialismus. Eine Gesamtdarstellung.* Frankfurt am Main 2000. S. 589.

93 Vgl. dazu: Klaus Meyer und Wolfgang Wippermann (Hrsg.): *Gegen das Vergessen. Deutsch-sowjetische Historikerkonferenz über Ursachen, Opfer, Folgen des deutschen Angriffs auf die Sowjetunion.* Frankfurt am Main 1992; Gerd R. Ueberschär und Wolfram Wette (Hrsg.): *Der deutsche Überfall auf die Sowjetunion. »Unternehmen Barbarossa« 1941.* Paderborn 1984; Alan Clark: *Barbarossa. The Russian-German Conflict.* London 1995. Gute Zusammenfassungen des Forschungsstandes findet man bei Ludolf Herbst: *Das nationalsozialistische Deutschland 1933–1945. Die Entfesselung der Gewalt: Rassismus und Krieg.* Frankfurt am Main 1996; Michael Burleigh: *Die Zeit des Nationalsozialismus.* S. 557 ff.

94 Zur Ermordung der in vielen Arbeiten meist übersehenen sowjetischen Roma: Wolfgang Wippermann: »Nur eine Fußnote? Die Verfolgung der sowjetischen Roma: Historiographie, Motive, Verlauf«. In: Klaus Meyer und Wolfgang Wippermann (Hrsg.): *Gegen das Vergessen.* S. 75 ff.

95 Omer Bartov: *Hitlers Wehrmacht.* S. 128.

96 Dazu die verdienstvolle Pionierstudie von Christian Streit: *Keine Kameraden. Die Wehrmacht und die sowjetischen Kriegsgefangenen 1941–1945.* Stuttgart 1978. Ferner: Alfred Streim: *Die Behandlung sowjetischer Kriegsgefangenen im Fall Barbarossa«.* Heidelberg 1981.

97 Im sogenannten Stuttgarter Schuldbekenntnis der Evangelischen Kirche vom 18. Oktober 1945 geschieht dies mit keinem Wort. Dagegen hieß es im Darmstädter Wort vom 8. August 1947, dass man »in die Irre gegangen« sei, als man das »Recht zur Revolution« verneint und eine »christliche Front« gegen alle aufgebaut habe, die »Neuordnungen im gesellschaftlichen Leben der Menschen« angestrebt hätten. Beide Texte sind abgedruckt in: Helmut Ruppel, Ingrid Schmidt und Wolfgang Wippermann: *»stoßet nicht um weltlich Regiment«? Ein Erzähl- und Arbeitsbuch vom Widerstehen im Nationalsozialismus.* Neukirchen-Vluyn 1986. S. 34 ff.

98 Reiner Diederich, Richard Grübling und Max Bartholl: *Die rote Gefahr. Antisozialistische Bildagitation 1918–1976.* Westberlin 1977. Ferner: Dieter Vorsteher (Hrsg.): *Deutschland im Kalten Krieg 1945–1963.* Ausstellungskatalog des Deutschen Historischen Museums. Berlin 1992.

99 Einige Nachweise finden sich bei Klaus Körner: *»Die Rote Gefahr«. Antikommunistische Propaganda in der Bundesrepublik 1950–2000.* Hamburg 2003.

100 Wolfgang Buschfort: *Das Ostbüro der SPD.* München 1991; Klaus Körner: *»Die Rote Gefahr«*; Frank Hagemann: *Der Untersuchungsausschuß Freiheitlicher Juristen.* Frankfurt am Main 1994; Kai-Uwe Merz: *Kalter Krieg als antikommunistischer Widerstand. Die Kampfgruppe gegen Unmenschlichkeit 1948–1959.* München 1987; Enrico Heitzer: *»Affäre Walter«. Die vergessene Verhaftungswelle.* Berlin 2008.

101 Dies ist, jedenfalls was die Kampfgruppe gegen Unmenschlichkeit angeht, inzwischen bewiesen. Dazu: Enrico Heitzer: *»Affäre Walter«.*

102 Wolfgang Wippermann: *Denken statt denkmalen. Gegen den Denkmalwahn der Deutschen.* Berlin 2010. S. 142 ff.

103 Wolfgang Wippermann: »Die deutsche Staatsideologie. Zur Konzeption des Totalitarismus«. In: Florian Wenninger u. a. (Hrsg.): *Geschichte macht Herrschaft. Zur Politik mit der Vergangenheit.* Wien 2007.

104 So der CDU-Abgeordnete Adolf Süsterhenn am 8. Dezember 1948 im Hauptausschuss des Parlamentarischen Rates. Dazu: Parlamentarischer Rat: *Verhandlungen des Hauptausschusses 1948/49.* Bonn 1950. S. 255.

105 Gerhard Leibholz: »Das Phänomen des totalen Staates«. In: *Mensch und Staat in Recht und Geschichte. Festschrift für Herbert Kraus.* Kitzingen 1954. S. 156–162. Ähnliche Thesen finden sich auch in: Gerhard Leibholz: »Freiheitliche demokratische Grundordnung und Bonner Grundgesetz«. In: Ders.: *Strukturprobleme der modernen Demokratie.* Frankfurt am Main 1974. S. 132–141 (zuerst: 1951). Scharfe Kritik kam unter anderen von den Politikwissenschaftlern Wolfgang Abendroth und Helmut Ridder. Dazu: Wolfgang Wippermann: »Zwei streitbare Demokraten gegen die ›Streitbare Demokratie‹«. In: Christoph Koch (Hrsg.): *Politik ist die Praxis der Wissenschaft vom Notwendigen. Helmut Ridder (1919–2007).* München 2010. S. 121–140.

106 Theodor Maunz, Günter Dürig, Roman Herzog und Rupert Scholz: *Kommentar zum Grundgesetz der Bundesrepublik Deutschland.* München 1974. Art. 18 Rdnr. 48.

107 Ebd. Rdnr. 50. Nur am Rande sei erwähnt, dass es sich bei Maunz um den ehemaligen NS-Juristen Theodor Maunz handelte, der nach 1945 lange Jahre Berater und Mitarbeiter des Herausgebers der rechtsradikalen *Deutschen Nationalzeitung,* Gerhard Frey, war. Dazu: Jens Mecklenburg (Hrsg.): *Handbuch deutscher Rechtsextremismus.* Berlin 1996. S. 404 und 461.

108 Wolfgang Wippermann: *Totalitarismustheorien. Die Entwicklung der Diskussion von den Anfängen bis heute.* Darmstadt 1997.

109 Diese Formulierung stammt von dem sehr weit rechts stehenden Bayreuther Politologen Löw. Vgl.: Konrad Löw: »Die ›Weltanschauung des Grundgesetzes‹ und der Totalitarismus«. In: Ders.: *Totalitarismus contra Freiheit. Begriff und Realität.* München 1988. S. 185–199.

110 Ernst Nolte: *Deutschland und der Kalte Krieg.* München 1974. S. 252.

111 Gesine Schwan: *Antikommunismus und Antiamerikanismus in Deutschland. Kontinuität und Wandel nach 1945.* Baden-Baden 1999. S. 21.

112 »Funktional trug er [der Antikommunismus, Anm. d. Verf.] dazu bei, die Zustimmung zur Demokratie, die wesentlich auf ökonomischer, sozialer und militärischer Sicherheit beruht, zu befestigen. Unter dem Gesichtspunkt der Demokratie wird der Antikommunismus normativ positiv bewertet.« Ebd.

113 Dazu und zum Folgenden: Erhard Denninger (Hrsg.): *Freiheitliche demokratische Grundordnung. Materialien zum Staatsverständnis und zur Verfassungswirklichkeit der Bundesrepublik. Erster Teil.* Frankfurt am Main 1977. S. 112 ff.; Alexander von Brünneck: *Politische Justiz gegen Kommunisten in der Bundesrepublik Deutschland 1949–1968.* Frankfurt am Main 1978; Thomas Ordnung: *Zu Praxis und Theorie des präventiven Demokratieschutzes. Darlegungen zum Problem der »streitbaren Demokratie« und seinem verfassungsrechtlichen, politischen und historischen Umfeld am Beispiel des Parteiverbots.* Diss. Berlin 1985; Rolf Gössner: *Die vergessenen Justiz-*

opfer des Kalten Krieges. Verdrängung im Westen – Abrechnung mit dem Osten? Berlin 1998.

114 Zitiert wird im Folgenden aus dem vollständigen Text des KPD-Verbotsurteils im Internet. Auf: http://www.uni-wuerzburg. de/glaw/bv005085.html.

115 Ebd. S. 103.

116 Ebd. S. 155.

117 Ebd. S. 212f.

118 Ebd. S. 216.

119 Ebd. S. 239.

120 Ebd. S. 255.

121 Ebd. S. 296.

122 Ebd. S. 384.

123 Dazu die gerade heute wieder aktuell gewordene Kritik durch Helmut Ridder: »Rechtsgutachtliche Stellungnahme zum KPD-Verbot«. In: *Protokoll des Öffentlichen Hearings über die Problematik des KPD-Verbots vom 5. Juni 1971.* Köln 1971. S. 44–47.

124 Gerhard Leibholz: *Verfassungsstaat – Verfassungsrecht.* Stuttgart 1973. S. 99f.

125 Alexander von Brünneck: *Politische Justiz gegen Kommunisten.* S. 73.

126 Christoph Kleßmann: *Die doppelte Staatsgründung. Deutsche Geschichte 1945–1955. Bonn 1988.* S. 256f.

127 Ebd. S. 257.

128 Ders.: *Zwei Staaten, eine Nation. Deutsche Geschichte 1955–1970.* Göttingen 1988. S. 59.

129 Beschluss der Kultusministerkonferenz vom 5. Juli 1962 über »Richtlinien für die Behandlung des Totalitarismus im Unterricht«. Zitiert nach Hans-Helmuth Knütter: »Der Totalitarismus in der schulischen und außerschulischen Politischen Bildung«. In: Konrad Löw (Hrsg.): *Totalitarismus.* München 1993. S. 28–43. Hier S. 30.

130 Ebd.

131 Die »Empfehlungen zur Ostkunde« sind abgedruckt in: Günter Berndt und Reinhard Strecker: *Polen – ein Schauermärchen oder Gehirnwäsche für Generationen.* Hamburg 1971. S. 96–99. Hier S. 96.

132 Wolfgang Wippermann: *Die Deutschen und der Osten.* S. 83ff.

133 Wolfgang Wippermann: *Totalitarismustheorien.*

134 Wolfgang Wippermann: *Faschismustheorien. Die Entwicklung der Diskussion von den Anfängen bis heute.* Darmstadt 1997.

135 Diese vielleicht zu positive Darstellung der 68er wird von den Verfassern einiger neuerer Arbeiten nicht geteilt, die den 68ern die Aufgabe der Ideologie des Antikommunismus vorwerfen. So zum Beispiel: Wolfgang Kraushaar: *1968. Das Jahr, das alles verändert hat.* München 1998.

136 Jan Korte: *Instrument Antikommunismus. Sonderfall Bundesrepublik.* Berlin 2009.

137 Ernst Nolte: »Vergangenheit, die nicht vergehen will«. In: *»Historikerstreit«. Die Dokumentation der Kontroverse um die Einzigartigkeit der nationalsozialistischen Judenverfolgung.* München 1987. S. 45.

138 Ernst Nolte: *Streitpunkte. Heutige und künftige Kontroversen um den Nationalsozialismus.* Berlin 1993. S. 395 f.

139 Ebd. S. 398. Hier bezog sich Nolte auf ein Schreiben des Leiters der Jewish Agency Chaim Weizmann an den britischen Premierminister Chamberlain vom 29. August 1939, in dem Weizmann versichert hatte, »daß die Juden bei Großbritannien stehen und an der Seite der Demokratien kämpfen werden«. Zur Widerlegung dieses wahnwitzigen »Kriegserklärung«-der-Juden-Arguments, das in der rechtsradikalen und revisionistischen Publizistik häufig auftaucht: Hellmuth Auerbach: »›Kriegserklärung‹ der Juden an Deutschland«. In: Wolfgang Benz (Hrsg.): *Legenden, Lügen, Vorurteile.* S. 118–121.

140 Ernst Nolte: *Der europäische Bürgerkrieg 1917–1945. Nationalsozialismus und Bolschewismus.* Berlin 1993. S. 509.

141 Ders.: *Streitpunkte.* S. 395 f.

142 Ebd. S. 394.

143 Ders.: *Bürgerkrieg.* S. 502.

144 Die wichtigsten Beiträge in: *»Historikerstreit«. Die Dokumentation.* Vgl. ferner: Hans-Ulrich Wehler: *Entsorgung der deutschen Vergangenheit? Ein polemischer Essay zum »Historikerstreit«.* München 1988; Wolfgang Wippermann: *Wessen Schuld? Vom Historikerstreit zur Goldhagen-Kontroverse.* Berlin 1997. S. 123 ff.

145 Zum Folgenden: Wolfgang Wippermann: *Dämonisierung durch Vergleich. DDR und Drittes Reich.* Berlin 2009.

146 Dazu die zum Teil durchaus berechtigte Kritik in dem ansonsten kritikwürdigen Buch von Klaus Schroeder: *Der SED-Staat. Partei, Staat und Gesellschaft 1949–1990.* München 1998. Geradezu rechthaberisch gehässig ist: Klaus Schroeder und Jochen Staadt: *Der diskrete Charme des Status quo. DDR-Forschung in der Ära der Entspannungspolitik.* Berlin 1992.

147 Beispiele und Kritik bei Wolfgang Wippermann: *Totalitarismustheorien.* S. 101 ff.; Karl Heinz Roth: *Geschichtsrevisionismus. Die Wiedergeburt der Totalitarismustheorie.* Hamburg 1999.

148 Diese geschichtspolitische Zielsetzung findet man in dem Sammelband von Uwe Backes, Eckhard Jesse und Rainer Zitelmann (Hrsg.): *Die Schatten der Vergangenheit – Impulse zur Historisierung des Nationalsozialismus.* Frankfurt am Main 1990. Zur Kritik dieser und anderer revisionistischen Versuche: Wolfgang Wippermann: *Wessen Schuld?* S. 80 ff.

149 Dies bekam im Februar 2011 die Vorsitzende der LINKEN, Gesine Lötzsch, zu spüren. Anlass war ein zugegebenermaßen nicht gerade tiefschürfender Artikel, in dem das Wort »Kommunismus« auftauchte, ohne dass sich Frau Lötzsch sofort und jeglicher Kritik vorauseilend von diesem ominösen »Kommunismus« distanzierte. Dabei hatte sie es nur gut gemeint und sogar richtig erkannt, dass es Kommunismus erst in einer Zukunftsgesellschaft geben könnte.

150 Unter »Extremismus« wurde und wird vornehmlich der Kommunismus verstanden. Dazu: Wolfgang Wippermann: »Politologentrug. Ideologiekritik der Extremismus-Legende«. In: *Standpunkte* 10/2010. S. 1–8.

151 Stéphane Courtois u. a.: *Das Schwarzbuch des Kommunismus. Unterdrückung, Verbrechen und Terror.* München 1998. Zum Folgenden: Jens Mecklenburg und Wolf-

gang Wippermann (Hrsg.): *»Roter Holocaust«? Kritik des Schwarzbuchs des Kommunismus.* Hamburg 1998.

152 Dazu und zur Rezeption des *Schwarzbuchs* in Frankreich vgl. das Kapitel *L'opium des intellectuels.*

153 Dazu Matthias Küntzel: »Auschwitz vom Sockel stoßen« sowie Brigitta Huhncke: »Die Singularität des Holocaust«. In: Jens Mecklenburg und Wolfgang Wippermann (Hrsg.): *»Roter Holocaust«?* S. 251–263 bzw. S. 118–141.

154 Zitiert nach: Rudolf Walther: »›Schwarzbuch‹ – Die Legende von der linken Lebenslüge«. In: Jens Mecklenburg und Wolfgang Wippermann (Hrsg.): *»Roter Holocaust«?* S. 232–238. Hier S. 236.

155 Dazu: Wolfgang Wippermann: »Der nekrophile Antikommunismus der ›aufgeklärten Linken‹«. In: Jens Mecklenburg und Wolfgang Wippermann (Hrsg.): *»Roter Holocaust«?* S. 239–250. Hier S. 240.

156 Ulrike Ackermann: *Sündenfall der Intellektuellen. Ein deutsch-französischer Streit von 1945 bis heute.* Stuttgart 2000. S. 205.

157 Wolfgang Kaushaar: *Linke Geisterfahrer. Denkanstöße für eine antitotalitäre Linke.* Frankfurt am Main 2001.

158 Ebd. S. 212, 242.

159 Vgl. die zutreffende Kritik von Ludwig Elm: *Das verordnete Feindbild. Neue deutsche Geschichtsideologie und »antitotalitärer Konsens«.* Köln 2001.

160 Gerd Koenen: *Utopie der Säuberung. Was war der Kommunismus?* Berlin 1998.

161 Ebd. S. 25. Ähnliche und ähnlich problematische Thesen findet man auch bei Jörg Baberowski und Anselm Doering-Manteuffel: *Ordnung durch Terror. Gewaltexzesse und Vernichtung im nationalsozialistischen und im stalinistischen Imperium.* Bonn 2007.

162 Gerd Koenen: *Utopie der Säuberung.* S. 271. Die These von der »zweierlei Singularität« ist schon aus sprachlogischen Gründen nicht zu halten. Wenn zwei Gesellschaftssysteme »singulär« gewesen sein sollen, dann waren es beide nicht.

163 Ebd. S. 73.

164 Ebd. S. 277: »Darin spiegelt sich letzten Endes die Tatsache, daß der gesellschaftliche Gestaltungsanspruch des Naziregimes, verglichen mit der stalinistischen Sowjetunion, ein viel reduzierterer war. Der nationalsozialistische Terror war selektiv, da er seine vernichtende Wucht fast ausschließlich gegen die zu Fremden, Andersrassigen und Untermenschen erklärten Bürgern richtete (...) Der bolschewistische Terror dagegen war von Beginn an total intrusiv und in den Zeiten des Stalinismus nahezu schrankenlos.«

165 Ebd. S. 275.

166 Ebd. S. 298. Koenen schloss sich hier den Thesen von neurechten Ideologen wie Weißmann und Zitelmann an, die das Dritte Reich »modernisiert« haben. Vgl. dazu: Wolfgang Wippermann: *Wessen Schuld?* S. 80 ff.

167 Gerd Koenen: *Utopie der Säuberung.* S. 275.

168 Ebd. S. 273.

169 Ebd. S. 16.

170 Ebd. S. 16 f.

171 Ebd. S. 104.

172 Ebd. S. 106.

173 Johannes Rogalla von Bieberstein: *»Jüdischer Bolschewismus«. Mythos und Realität.* Mit einem Vorwort von Ernst Nolte. Dresden 2002.

174 Ebd. S. 244.

175 Henry Ford: *Der internationale Jude. Ein Weltproblem.* Leipzig 1922. Darüber hinaus stützte sich Hohmann auf Rogalla von Biebersteins Buch.

176 Der Text der Rede ist nachzulesen auf der Internetseite der *Frankfurter Rundschau.* http://www.fr-aktuell.de/uebersicht/alle_dossiers/politik_inland/die_hohmann_affaere. Vgl. dazu: Alfred Schobert: »Eliten-Antisemitismus in Nazi-Kontinuität«. In: *Archiv-Notizen*, Dezember 2003. S. 4–10.

177 Wolfgang Benz: »Lupenreines Exempel«. In: *Süddeutsche Zeitung*, 11. November 2003.

178 Dazu die Dokumentation des Hohmann-Verteidigers Fritz Schenk: *Der Fall Hohmann. Eine Dokumentation.* München 2004.

179 Reinhard Uhle Wettler: Offener Brief an die CDU/CSU-Fraktion vom 1.11.2003. Zitiert nach Alfred Schobert: »Eliten-Antisemitismus«. S. 8 f.

180 Sonja Margolina: »Verurteilung statt Diskussion«. In: *Junge Freiheit* 46/2003. S. 3. Margolina hatte schon in ihrem Buch über *Das Ende der Lügen* (Berlin 1992) auf die vielen Juden in den Reihen der Bolschewiki verwiesen.

181 Allgemein zum amerikanischen Sendungsbewusstsein: Udo Sautter: *Geschichte der Vereinigten Staaten von Amerika.* Stuttgart 1991; David B. Davis: *Freiheit-Gleichheit-Befreiung. Die Vereinigten Staaten und die Idee der Revolution.* Berlin 1993. Zu der in den USA untrennbaren Verbindung von Politik und Religion: Rainer Prätorius: *In God We Trust. Religion und Politik in den USA.* München 2003. Zum inneren Feind und zum amerikanischen Antikommunismus: Michael J. Heale: *American Anticommunism. Combating the Enemy Within, 1830–1970.* Baltimore 1999.

182 In den während der Zeit des Kalten Krieges gedrehten Filmen sind die Parallelen zwischen den bösen Mexikanern und den noch böseren Kommunisten unübersehbar.

183 Zum Folgenden: Michael J. Heale: *American Anticommunism*; Joel Kovel: *Red Hunting in the Promised Land. Anticommunism and the Making of America.* New York 1994.

184 Michael J. Heale: *American Anticommunism.* S. 30.

185 Zum Folgenden: Robert Justin Goldstein: *Political Repression in Modern America. From 1870 to the Present.* Boston 1978.

186 Michael J. Heale: *American Anticommunism.* S. 30 ff.; Paul Aurich: *The Haymarket Tragedy.* Princeton 1984.

187 Zum Folgenden: Robert K. Murray: *Red Scare. A Study in National Hysteria, 1919–1920.* New York 1964.

188 Michael J. Heale: *Amercian Anticommunism.* S. 15.

189 Robert K. Murray: *Red Scare.* S. 11.

190 Richard G. Powers: *Not Without Honor. The History of American Anticommunism.* New York 1995. S. 10.

191 Weitere dieser *secret armies of volunteers* sind genannt in Michael J. Heale: *American Anticommunism.* S. 61.

192 Zum Folgenden vor allem: Joel Kovel: *Red Hunting.* S. 20 ff.

193 Michael J. Heale: *American Anticommunism.* S. 60 ff.

194 Robert K. Murray: *Red Scare.*

195 Dazu auch die psychologische und grundsätzlich optimistische Bemerkung in der Einleitung von Robert Murrays Studie, in der er erklärt, dass die »Red Scare (…) provides us with a concrete example of what happens to a democratic nation and its people when faith and reason are supplanted with fear«. Ebd. S. IX.

196 Henry Ford: *Der internationale Jude. Ein Weltproblem.* Leipzig 1922.

197 David M. Chambers: *Hooded Americanism. The First Century of the Ku Klux Klan, 1865–1965.* Durham 1987; Nancy Maclean: *Behind the Mask of Chivalry: Making of the Second Klan.* New York 1994.

198 Dazu gehörten die Union Party Charles Coughlins, die Defenders of the Christian Faith Gerald Burton Winrods und die Silver Legion William Dudley Pelleys. Dazu: Wolfgang Wippermann: *Faschismus. Eine Weltgeschichte vom 19. Jahrhundert bis heute.* Darmstadt 2009. S. 190 ff.

199 Zum gesamten Kapitel: Paul S. Boyer u. a.: *The Enduring Vision.* Lexington 1996; Richard M. Freeland: *The Truman Doctrine and the Origins of McCarthyism.* New York 1972; Richard M. Fried: *Nightmare in Red. The McCarthy Era in Perspective.* New York 1990; Michael P. Rogin: *The Intellectuals and McCarthy.* Cambridge 1967; Ellen Schrecker: *Many Are the Crimes: McCarthyism in America.* Boston 1999; Athan G. Theoharis: *Seeds of Repression: Harry S. Truman and the Origins of McCarthyism.* Chicago 1971.

200 Ellen Schrecker: *Many Are the Crimes.* S. 15.

201 Richard M. Fried: *Nightmare in Red.* S. 12.

202 Dazu: Peter N. Carroll: *The Odyssey of the Abraham Lincoln Brigande. Americans in the Spanish Civil War.* Stanford 1994.

203 Vgl. US Congress: *House Committee Hearings. Senate Library. 80th Congress*, Bde. 1169–5. S. 86.

204 Zu der Verknüpfung von Außen- und Innenpolitik: James Aronson: *The Press and the Cold War.* New York 1970. Generell zum Folgenden: Peter L. Steinberg: *The Great Red Menace.* Westport 1979.

205 Zum Folgenden: Allen Weinstein und Alexander Vassiliev: *The Haunted Wood. Soviet Espionage in America – The Stalin Era.* New York 1999; Johan Earl Haynes und Harvey Klehr: *Decoding Soviet Espionage in America.* New Haven 1999.

206 Zum nach wie vor umstrittenen Hiss-Fall: Allen Weinstein: *Perjury – The Hiss – Chambers Case.* New York 1987.

207 Zu den weiteren Spionagefällen aufgrund neuer freigegebener Akten des FBI: John Earl Haynes und Harvey Klehr: *Decoding Soviet Espionage.*

208 Ronald Radosh und Joyce Milton: *The Rosenberg File.* New Haven 1997.

209 Nach jüngst freigegebenen FBI-Akten soll Julius Rosenberg tatsächlich spioniert haben. Sofern man dies und damit dem FBI glaubt, rechtfertigt das jedoch in keiner Weise die Todesstrafe. Ethel Rosenberg war auf jeden Fall völlig unschuldig.

Die FBI-Akten zum Fall Rosenberg sind im Internet einsehbar. Auf: http://www.foia.fbi.gov/roberg.htm.

210 Der volle Wortlaut des Punktes 6 des Federal Employee Loyality Programs besagt, jeden zu entlassen, dem Folgendes angelastet werden könnte: »Membership in, affiliation with or sympathetic association with any foreign or domestic organization, association, movement, group or combination of persons, designated by the Attorney General as totalitarian, fascist, communist, or subversive, or has having adopted a policy of advocation or approving the commission of acts of force or violance to deny other persons their rights under the Constitution of the United States, or as seeking to alter the form of Government of the United States by unconstitutional means.« Zitiert nach Ellen Schrecker: *Many Are the Crimes.* S. 154.

211 Dazu: David Caute: *The Great Fear: The Anti-Communist Purge under Truman and Eisenhower.* New York 1978.

212 Ellen Schrecker: *Many Are the Crimes.* S. 39.

213 Vgl. dazu und zum Folgenden: Larry Ceplair und Steven Englund: *The Inquisition in Hollywood. Politics in the Film Community 1930–1960.* Lexington 1960.

214 US Congress: *House Committee Hearings. Senate Library. 80th Congress*, Bde. 1169–5. S. 491–504. Eine knappe und ins Deutsche übersetzte Auswahl der Verhörprotokolle findet man in: Hartmut Keil: *Sind Sie oder waren Sie Mitglied? Verhörprotokolle über unamerikanische Aktivitäten 1948–1956.* Reinbek 1979.

215 Larry Ceplair und Steven Englund: *The Inquisition in Hollywood. Politics in the Film Community 1930–1960.* S. 328 ff.

216 Dennoch hat sich diese Bezeichnung in der oben in Anmerkung 199 zitierten amerikanischen und internationalen Forschung durchgesetzt. Diese Personalisierung verdeckt die Tatsache, dass es sich beim amerikanischen Antikommunismus um ein strukturelles Problem gehandelt hat.

217 Zum Folgenden die neueren Studien zum Kalten Krieg: Bernd Stöver: *Der Kalte Krieg.* München 2003; Rolf Steininger: *Der Kalte Krieg.* Frankfurt am Main 2003.

218 Zum Folgenden: Jost Dülffer: *Europa im Ost-West-Konflikt 1945–1990.* München 2004.

219 Francis Fukuyama: *The End of History and the Last Man.* New York 1992.

220 Samuel P. Huntington: *Kampf der Kulturen. The Clash of Civilizations. Die Neugestaltung der Weltpolitik im 21. Jahrhundert.* München 1996.

221 Deutsche Übersetzung: Raymond Aron: *Opium für Intellektuelle oder die Sucht nach Weltanschauung.* Köln 1957. Zu Aron: Joachim Stark: *Das unvollendete Abenteuer. Geschichte, Gesellschaft und Politik im Werk Raymond Arons.* Würzburg 1986; Brigitte Gess: *Liberales Denken und intellektuelles Engagement. Die Grundzüge der philosophisch-politischen Reflexionen Raymond Arons.* München 1988.

222 Heinz-Gerhard Haupt und Karin Hausen: *Die Pariser Kommune. Erfolg und Scheitern einer Revolution.* Frankfurt am Main 1979.

223 Pierre Miquel: *L'Affaire Dreyfus.* Paris 1973; Vincent Duclert: *Die Dreyfus-Affäre. Militärwahn, Republikfeindschaft, Judenhaß.* Berlin 1994.

224 Ernst Nolte: *Der Faschismus in seiner Epoche*; Zeev Sternhell: *Neither Right nor Left. Fascist Ideology in France.* Los Angeles 1983.

225 Wolfgang Wippermann: *Faschismus.* S. 16 ff.

226 Michael Rohrwasser: *Der Stalinismus und die Renegaten. Die Literatur der Exkommunisten.* Stuttgart 1991.

227 Zu dem bei Rohrwasser nur beiläufig erwähnten Souvarine: Jean-Louis Panné: *Boris Souvarine, le premier désenchanté du communisme.* Paris 1993. Erst 1977 erschien eine französische und 1980 eine deutsche Neuauflage von Souvarines Stalin-Biografie: Boris Souvarine: *Stalin. Anmerkungen zur Geschichte des Bolschewismus.* München 1980.

228 Bernd Stöver: *Die Befreiung vom Kommunismus. Amerikanische Liberation Policy im Kalten Krieg 1947–1991.* Köln 2002.

229 Alexander Solschenizyn: *Der Archipel Gulag.* Bern 1974.

230 André Glucksmann: *Köchin und Menschenfresser. Über die Beziehung zwischen Staat, Marxismus und Konzentrationslager.* Berlin 1976.

231 Ders.: *Am Ende des Tunnels. Das falsche Denken ging dem katastrophalen Handeln voraus. Eine Bilanz des 20. Jahrhunderts.* Berlin 1991.

232 David Bosshart: *Politische Intellektualität und totalitäre Erfahrung. Hauptströmungen der französischen Totalitarismuskritik.* Berlin 1992.

233 Deutsche Übersetzung: Raymond Aron: *Demokratie und Totalitarismus.* Hamburg 1970.

234 Ebd. S. 53 ff.

235 Ebd. S. 165 ff.

236 Jean-François Revel: *Die totalitäre Versuchung.* Berlin 1976.

237 Ebd. S. 22.

238 Diese Ansicht vertrat Revel in einem Buch, das genau sechs Jahre vor dem Zusammenbruch des Kommunismus erschien: Jean-François Revel: *So enden die Demokratien.* München 1984.

239 François Furet: *Das Ende der Illusion. Der Kommunismus im 20. Jahrhundert.* München 1996.

240 Ebd. S. 627.

241 Aufsehen erregte Furet vor allem mit dem Buch *Penser de la Révolution Française* von 1978 (dt. Übersetzung unter dem Titel: *Vom Ereignis zum Gegenstand der Geschichtswissenschaft.* Frankfurt am Main 1980), in dem er nicht nur den Slogan prägte »La Révolution française est terminée«, sondern zugleich auf die vermeintlich totalitären Gehalte der Französischen Revolution hinwies.

242 François Furet: *Das Ende der Illusion.* S. 445, 437.

243 Ebd. S. 40: »Der Faschismus ist aus einer antikommunistischen Reaktion entstanden.«

244 Ebd. S. 232: »In dieser Hinsicht kann man den Faschismus als ›Reaktion‹ auf den Kommunismus untersuchen, und Ernst Noltes These würde sich bewahrheiten.«

245 Ebd. S. 649 f.

246 Ebd. S. 45 f.

247 Ebd. S. 247.

248 Ebd. S. 447.

249 Ebd. S. 431.

250 Stéphane Courtois u. a.: *Das Schwarzbuch des Kommunismus.* Vgl. zum Folgenden: Jens Mecklenburg und Wolfgang Wippermann (Hrsg.): *»Roter Holocaust«?*

251 Stéphane Courtois u. a.: *Das Schwarzbuch des Kommunismus.* S. 27. In der französischen Originalausgabe, die zum 80. Jahrestag der Oktoberrevolution erschien, waren es ›nur‹ 80 Millionen gewesen. Daraus wurden dann in der deutschen Ausgabe 100 Millionen. Einige Autoren des *Schwarzbuchs* haben sich von diesen unverantwortlichen Zahlenspielereien distanziert.

252 Ebd. S. 36.

253 In: *Diagonales Est-Ouest* 51, Januar/Februar 1996. S. 6. Vgl. Wolfgang Wippermann: »›Rassen-Genozid‹ gleich ›Klassen-Genozid‹?« In: Jens Mecklenburg und ders. (Hrsg.): *»Roter Holocaust«?* S. 106–117. Hier S. 111.

254 Eine Studie zur Geschichte und Funktion dieses italienischen Schlagworts fehlt. Es wurde Anfang der 90er Jahre wiederbelebt, als in Kroatien Leichen in »foibe« genannten Erdlöchern aufgefunden wurden. Dabei soll es sich um Italiener gehandelt haben, die von jugoslawischen Kommunisten ermordet worden sind.

255 Laco Germeli: *Life and death. Struggle of a national minority. The Jugoslavs in Italy:* Lubljana 1945; Rolf Wörsdörfer: *Krisenherd Adria. 1915–1955. Konstruktion und Artikulation des Nationalen im italienisch-jugoslawischen Grenzraum.* Paderborn 2004.

256 Zum Folgenden: Bruno Mantelli: *Kurze Geschichte des italienischen Faschismus.* Berlin 1997; Hans Woller: *Rom, 28. Oktober 1922. Die faschistische Herausforderung.* München 1999; Wolfgang Wippermann: *Faschismus.* S. 37 ff.

257 Luigi Salvatorelli und Giovanni Mira: *Storia d'Italie nel periodo fascista.* Turin 1956. S. 154.

258 Roberto Farinacci: *Storia della rivoluzione fascista*, Bde. 1–3. Cremona 1937–1939; dt. Übersetzung: *Die faschistische Revolution*, Bde. 1–3. München 1939–1941. Hier Bd. 1. S. 177 f. und 184 f.

259 Über die Verbreitung und Wirkung des Antisemitismus vor und während der Zeit des Faschismus ist es in der Forschung zu einer Kontroverse gekommen. Renzo De Felice hat ihn für äußerst schwach gehalten. Dieser These haben Meir Michaelis, Enzo Collotti und neuerdings auch Michele Sarfatti widersprochen. Vgl. Renzo De Felice: *Storia degli ebrei sotto il fascismo*, Turin 1962; ders.: *Deutungen des Faschismus.* Göttingen 1980. S. 230 ff.; Meir Michaelis: *Mussolini and the Jews. German-Italian Relations and the Jewish Question 1922–1943.* London 1978; Enzo Collotti: »Die Historiker und die Rassengesetze in Italien«. In: Christian Dipper u. a. (Hrsg.): *Faschismus und Faschismen im Vergleich.* Vierow 1998. S. 59–77; Michele Sarfatti: *Gli ebrei nell'Italia fascista. Vicende, identità, persecuzione.* Turin 2000. Allgemein zu dieser Diskussion: Wolfgang Wippermann: »War der italienische Faschismus rassistisch? Anmerkungen zur Kritik an der Verwendung eines allgemeinen Faschismusbegriffs«. In: Werner Röhr (Hrsg.): *Faschismus und Rassismus. Kontroversen um Ideologie und Opfer.* Berlin 1992. S. 108–122; Katharina Walter: »Judenpolitik unter Mussolini«. In: *Zeitgeschichte* 24, 1–2/1997. S. 3–29.

260 Michele Sarfatti: *Gli ebrei.* S. 27 ff.

261 Ernst Nolte: *Der Faschismus in seiner Epoche.* S. 230.

262 Lutz Klinkhammer: *Zwischen Bündnis und Besatzung. Das nationalsozialistische Deutschland und die Republik von Salò 1943–1945.* München 1995.

263 Carlo Moos: *Ausgrenzung, Internierung, Deportation. Antisemitismus und Gewalt im späten italienischen Faschismus (1938–1945).* Zürich 2004.

264 Jens Petersen: »Der Faschismus in Italien im Urteil der Historiker«. In: Christof Dipper u.a. (Hrsg.): *Faschismus und Faschismen im Vergleich.* Köln 1998. S. 39–58.

265 Der amerikanische Geheimdienst CIA soll sich mehrmals in die italienische Innenpolitik eingemischt haben, unter anderem durch die Unterstützung von geplanten Putschen rechter und faschistischer Kräfte. Vgl. dazu: Regine Igel: *Terrorjahre. Die dunkle Seite der CIA in Italien.* München 2006.

266 Dass die faktisch weiterhin bestehende und sich nur in Movimento Sociale Italiano umgetaufte faschistische Partei ebenfalls strikt antikommunistisch orientiert war, versteht sich wohl von selbst.

267 Gerhard Feldbauer: *Vom Mussolini bis Fini. Die extreme Rechte in Italien.* Berlin 1996; ders.: *Der Marsch auf Rom. Faschismus und Antifaschismus in Italien. Von Mussolini bis Berlusconi und Fini.* Köln 2002; Jens Renner: *Der neue Marsch auf Rom. Berlusconi und seine Vorläufer.* Zürich 2002.

268 Diese Äußerungen wurden im Zusammenhang mit der Herausgabe der italienischen Ausgabe des *Schwarzbuchs des Kommunismus* gemacht.

269 Aram Mattioli: *Viva Mussolini! Die Aufwertung des Faschismus im Italien Berlusconis.* Paderborn 2010.

270 Daniel Blatman: »Polish Antisemitism and ›Judeo-Communism‹: Historiography and Memory«. In: *East European Jewish Affairs* 27, 1/1997. S. 23–44; Agnieszka Pufelska: *Die »Judäo-Kommune« – ein Feindbild in Polen. Das polnische Selbstverständnis im Schatten des Antisemitismus 1939–1948*, Paderborn 2007.

271 Stephanie Zloch: »Nationsbildung und Feinderklärung. ›Jüdischer Bolschewismus‹ und der polnisch-sowjetische Krieg 1919–1920«. In: *Jahrbuch des Simon-Dubnow-Instituts* 4, 2005. S. 29–302.

272 Agnieszka Pufelska überschätzt in ihrem Buch *Die »Jüdao-Kommune«* sowohl die Stärke der polnischen KP als auch den jüdischen Anteil an ihr.

273 Holger Michael: *Zwischen Davidstern und Roter Fahne. Die Juden in Polen im XX. Jahrhundert.* Berlin 2007.

274 Gertrud Pickhan: *Gegen den Strom: Der Allgemeine Jüdische Arbeiterbund »Bund« in Polen 1918–1939.* Stuttgart 2001.

275 Jan Tomasz Gross: *Nachbarn. Die Geschichte der Vernichtung einer jüdischen Kleinstadt.* München 2001.

276 Beispiele in dem autobiografischen Bericht von Roman Frister: *Die Mütze oder der Preis des Lebens.* Berlin 1997.

277 Zum Folgenden: Israel Gutman u.a. (Hrsg.): *Enzyklopädie des Holocaust.* Berlin 1993. S. 1149 ff. Allgemein zu dieser Phase der polnischen Geschichte: Anita J. Prazmowska: *A History of Poland.* London 2004.

278 Jonathan Brent: *Stalin's last crime. The plot against Jewish doctors 1948–1953.* New York 2003; Karel Kaplan: *Die politischen Prozesse in der Tschechoslowakei 1948–1952.* München 1986; Jeffrey Herf: »Antisemitismus in der SED. Geheime Dokumente zum Fall Paul Merker aus SED- und MfS-Archiven«. In: *Vierteljahreshefte für Zeitgeschichte* 42, 4/1994. S. 635–667.

279 Beate Kosmala (Hrsg.): *Die Vertreibung der Juden aus Polen 1968. Antisemitismus und politisches Kalkül.* Berlin 2000.

280 Allgemein zur polnischen Oppositionsbewegung: Hartmut Kühn: *Das Jahrzehnt der Solidarnosc. Die politische Geschichte Polens 1980–1990.* Berlin 1999; Jerzy Holzer: *Solidarität. Die Geschichte der freien Gewerkschaft in Polen.* München 1985.

281 Der Nobelpreisträger Lech Walesa war im Wahlkampf für die Präsidentschaft durch den Vorschlag aufgefallen, dass seine Gegner doch ihre Religionszugehörigkeit angeben sollten.

282 Ruth Henning (Hrsg.): *Die »Jedwabne-Debatte« in polnischen Zeitungen und Zeitschriften.* Potsdam 2001; Stephanie Kowitz: *Jedwabne. Kollektives Gedächtnis und tabuisierte Vergangenheit.* Berlin 2004; Karol Sauerland: *Polen und Juden zwischen 1939 und 1968. Jedwabne und die Folgen.* Berlin 2004.

283 Die von Glemp hier vorgenommene Gegenüberstellung von »Juden« und »Polen« wurde auch von den meisten anderen Diskussionsteilnehmern gemacht, wobei bewusst übersehen wurde, dass schließlich auch die Juden polnische Staatsbürger waren.

284 Zitiert nach Gabriele Lesser: »›Jedwabe-Diskussion‹ in antisemitischen Medien«. In: Ruth Henning (Hrsg.): *Die »Jedwabne-Debatte«.* S. 373.

285 Die Erklärung des »Komitees zur Verteidigung des Guten Namens von Polen« vom 17. Mai 2001 ist abgedruckt in: Gabriele Lesser: »›Jedwabe-Diskussion‹ in antisemitischen Medien«. S. 376f.

286 Zum Folgenden das »Civil War As Crusade« überschriebene Kapitel in: Stanley G. Payne: *The Franco Regime 1936–1975.* Madison 1987. S. 197–208.

287 Zum Bürgerkrieg vor allem: Walther L. Bernecker: *Krieg in Spanien 1936–1939.* Darmstadt 1991; ferner: Paul Preston: *The Spanish Civil War 1936–1939.* London 1986; Pierre Vilar: *Der Spanische Bürgerkrieg 1936–1939.* Berlin 2002; Antony Beevor: *Der Spanische Bürgerkrieg.* München 2006; Carlos Collado Seidel: *Der Spanische Bürgerkrieg. Geschichte eines europäischen Konflikts.* München 2006.

288 Wolfgang Wippermann: »Lizenz zum Töten. Kreuzzüge im Mittelalter und Moderne«. In: *Evangelische Kommentare* 2/1997. S. 90ff.; Gisbert Gemein und Joachim Cornelissen: *Kreuzzüge und Kreuzzugsgedanke in Mittelalter und Gegenwart.* München 1992. Vgl. auch die ältere überaus kirchenkritische Studie von Karlheinz Deschner: *Mit Gott und den Faschisten. Der Vatikan im Bunde mit Mussolini, Hitler und Pavelic.* Stuttgart 1965.

289 Zitiert nach Stanley G. Payne: *The Franco-Regime, 1936–1975.* Madison 1987. S. 198.

290 Zitiert nach ebd. S. 199; ferner in: Dawn Ades u.a.: *Kunst und Macht im Europa der Diktaturen 1930 bis 1945. XXIII. Ausstellung des Europarates.* Berlin 1996. S. 64.

291 Civiltà Cattolica vom 18. September 1937. Zitiert nach Alberto Aquarone: »Der Spanische Bürgerkrieg und die öffentliche Meinung in Italien«. In: Wolfgang Schieder und Christof Dipper (Hrsg.): *Der Spanische Bürgerkrieg in der internationalen Politik (1936–1939).* München 1976. S. 191–224. S. 215f.

292 Zu Sert und zum historischen Hintergrund: Marko Daniel: »Spanien. Kultur im Krieg«. In: Dawn Ades u.a.: *Kunst und Macht im Europa der Diktaturen.* S. 63–68. Das Bild Serts ist auf S. 101 abgebildet.

293 In der älteren und noch stark faschistisch geprägten spanischen Forschung sind diese Gewaltakte breit und detailliert dargestellt worden. Vgl. etwa: Antonio Montero Moreno: *Historia de la persecutión religiosa en Espana 1936–1939*. Madrid 1961; José Chao Regio: *La Iglesia en el franquismo*. Madrid 1976. Ihrer Darstellung und Bewertung folgt auch Walther L. Bernecker: *Krieg in Spanien*. Kritischer und das Verhalten der Anarchisten rechtfertigend ist dagegen Heleno Sana: *Die libertäre Revolution. Die Anarchisten im Spanischen Bürgerkrieg*. Hamburg 2001.

294 Ein derartiger Fall wird in Ken Loachs Film *Land and Freedom* gezeigt, und zwar kritiklos und zustimmend. Im *Durruti*-Film von Abel Paz aus dem Jahr 1998 wird das von Anarchisten auf einen spanischen Erzbischof ausgeübte Attentat sogar ausdrücklich gelobt.

295 Dazu und zur weiteren Geschichte des Franco-Regimes: Stanley G. Payne: *The Franco Regime*.

296 Dazu: Paul Preston: *Franco. A Biography*. New York 1994. S. 703 ff.

297 Walter Lehmann: *Die Bundesrepublik und Franco-Spanien in den 50er Jahren. NS-Vergangenheit als Bürde?* München 2006.

298 Ich habe mich dieser Einschätzung angeschlossen und das Franco-Regime als bonapartistisch-faschistisch bezeichnet. Wolfgang Wippermann: *Faschismus*. S. 94 ff.

299 Zum Folgenden: Walther L. Bernecker: *Spanische Geschichte seit dem Bürgerkrieg*. München 1997; Michael Richards: *A Time of Silence. Civil War and the Culture of Repression in Franco's Spain, 1936–1945*. Cambridge 1998.

300 Peter Hertel: *»Ich verspreche euch den Himmel«. Geistlicher Anspruch, gesellschaftliche Ziele und kirchliche Bedeutung des Opus Dei*. Düsseldorf 1991.

301 Dazu: Walther L. Bernecker und Sören Brinkmann: *Kampf der Erinnerungen. Der Spanische Bürgerkrieg in Politik und Gesellschaft*. Nettersheim 2006.

302 Dieter Nohlen und Detlef Nolte: »Chile«. In: Dieter Nohlen und Franz Nuscheler (Hrsg.): *Handbuch der Dritten Welt*, Bd. 2. Hamburg 1983. S. 277–338.

303 Wolfgang Wippermann: *Faschismus*. S. 212 ff.

304 Mario Sznajder: »A Case of Non-European Fascism: Chilean National Socialists in the 1930s«. In: *Journal of Contemporary History* 28, 2/1993. S. 269–296.

305 Isidoro Bustos: *Die Verfassung der Diktatur. Die Entwicklung der Grundrechte in Chile*. Berlin 1987.

306 Dieter Nohlen: *Chile – Das sozialistische Experiment*. Hamburg 1973.

307 William F. Sater: *Chile and the United States. Empires in Conflict*. Athens 1990.

308 Peter Kornbluh: *The Pinochet File: A Declassified Dossier on Atrocity and Accountability*. New York 2003.

309 Detlef Nolte: »Staatsterrorismus in Chile«. In: Hans Werner Tobler und Peter Waldmann (Hrsg.): *Staatliche und parastaatliche Gewalt in Lateinamerika*. Frankfurt am Main 1991.

310 Olaf Gaudig und Peter Veit: *Faschismus in Chile*. Berlin 2001.

311 Heinrich-W. Krumwiede und Detlef Nolte: *Chile. Auf dem Rückweg zur Demokratie?* Baden-Baden 1988; Peter Imbusch u. a.: *Chile heute. Politik, Wirtschaft, Kultur*. Frankfurt am Main 2004.

312 Ingrid Wenzel: *Der Fall Pinochet. Die Aufarbeitung der chilenischen Militärdiktatur.* Köln 2001.

313 Lutz Herden: »Saison der Hackmesser«. In: *Der Freitag*, 21. Juli 2000.

314 Eine ausführliche Darstellung des in der westlichen Welt immer verdrängten und heute fast vergessenen Pogroms bietet Christian Gerlach: *Extrem gewalttätige Gesellschaften.* Stuttgart 2011. Ferner: Robert Cribb (Hrsg.): *The Indonesian Killings 1965–1966. Studies from Java and Bali.* Clayton 1990.

315 Jochen Reinert: *»Die langen Leiden der ›Tapols‹. Indonesiens Generäle entfesselten vor 40 Jahren einen der schlimmsten Massenmord des 20. Jahrhunderts«.* In: *Neues Deutschland*, 30. September 2005.

316 Zum Folgenden: Steven Drakeley: *The History of Indonesia.* Westport 2005; Adrian Vickers: *A History of Modern Indonesia.* Cambridge 2005; Merle Calvin Ricklefs: *A history of Modern Indonesia since c. 1200.* New York 2008.

317 Anthony Reid: *The Indonesian National Revolution 1945–1950.* Melbourne 1973.

318 Eine Aufarbeitung durch niederländische Historiker steht noch aus.

319 Rex Mortimer: *Indonesian Communism Under Sukarno. Ideology and Politics, 1959–1965.* Ithaca 1974.

320 In allen Überblicksdarstellungen zur Geschichte des Faschismus werden die faschistischen Regime Sukartos und seines Nachfolgers Suharto nicht erwähnt.

321 Antonie Dake: *In the Spirit of the Red Banteng. Indonesian Communists Between Moscow and Peking 1959–1965.* Den Haag 1973.

322 Auf entsprechende Dokumente, die in den »Foreign Relations of the United States« publiziert sind, verweist Jochen Reinert: *»Die langen Leiden der ›Tapols‹«.*

323 Benedict Anderson und Ruth McVey: *A Preliminary Analysis of the October 1, 1965 Coup in Indonesia.* Ithaca 1971

324 John Roosa: *Pretext for Mass Murder. The September 30th Movement and Suharto's coup d'état in Indonesia.* Madison 2006.

325 Peter Symonds: »Führende Politiker würdigen Indonesiens Ex-Diktator Suharto«. In: *World Socialist Web Site*, 30. Januar 2008.

326 Zu ihrer Geschichte sind im Internet mehrere Artikel und kurze Abrisse zu finden, die aber alle von Sympathisanten dieser Partei stammen. Dies scheint auch für die einzige in deutscher Sprache vorliegende gedruckte Studie zuzutreffen: Asghar Schirazi: *Modernität und gestörte Wahrnehmung. Eine Fallstudie über die Tudeh-Partei des Iran und ihr Verhältnis zur Demokratie.* Hamburg 1979.

327 Zum Folgenden: Monika Gronke: *Geschichte Irans. Von der Islamisierung bis zur Gegenwart.* München 2003.

328 Kristen Blake: *The U.S.-Soviet confrontation in Iran, 1945–1962.* Washington 2009.

329 Ervand Abrahamian: *Iran between Two Revolutions.* Princeton 1982.

330 Zu Khomeinis Leben und Aufstieg: Bahman Nirumand: *Mit Gott für die Macht. Eine politische Biographie des Ayatollah Chomeini.* München 1987; Gabriele Thoß und Franz-Helmut Richter: *Ayatollah Khomeini.* Münster 1991; Baqer Moin: *Khomeini. Life of the Ayatollah.* London 1999.

331 Ajatollah Chomeini: *Der islamische Staat.* Berlin 1983.

332 Zum Folgenden: Amir Taheri: *Chomeini und die islamische Revolution.* Hamburg 1985.

333 Wahied Wahdat-Hagh: *Die islamische Republik Iran. Die Herrschaft des politischen Islam als eine Spielart des Totalitarismus.* Münster 2003.

334 Unter dem 12. Imam verstehen die Schiiten den sonst Mahdi genannten Messias. Diese Rolle hat sich Khomeini aber nicht angemaßt.

335 Als Bassidschi wurden ursprünglich die Kindersoldaten bezeichnet, die im Krieg gegen den Irak eingesetzt bzw. geopfert wurden.

336 Dennoch gibt es auch heute noch einige Juden im Iran. Ihre Existenz ist eine Art Alibi für den nicht zu leugnenden Antisemitismus.

337 Dazu: Matthias Küntzel: *Djihad und Judenhass. Über den neuen antijüdischen Krieg.* Freiburg 2003.

338 Zum Folgenden: Thomas Rodney Hope Davenport: *South Africa. A Modern History.* London 1991; Jörg Fisch: *Geschichte Südafrikas.* München 1991; Albrecht Hagemann: *Kleine Geschichte Südafrikas.* München 2004; Leonard Thompson: *A History of South Africa.* London 1990.

339 Hannah Arendt: *Elemente und Ursprünge totaler Herrschaft*, Bde. 1–3. Berlin 1983 (zuerst 1951). Hier Bd. 2. S. 126, 119, 114.

340 Wolfgang Wippermann: *Faschismus.* S. 220 ff.

341 Anthony Sampson: *Nelson Mandela. Die Biographie.* Stuttgart 1999.

342 Diese Wahrheits- und Versöhnungskommission hat ein großes und meist positives Echo gefunden, weshalb sie auch in der Forschung viel beachtet wurde. Vgl. unter anderen: Emily Hahn-Godeffroy: *Die südafrikanische Truth and Reconciliation Commission.* Baden-Baden 1998; Ralf Wüstenberg: *Wahrheit, Recht und Versöhnung. Auseinandersetzung mit der Vergangenheit nach den politischen Umbrüchen in Südafrika und Deutschland.* Frankfurt am Main 1998.

Literaturverzeichnis

Abdallah, Laila: *Islamischer Fundamentalismus – eine fundamentale Fehlwahrnehmung? Zur Rolle von Orientalismus in westlichen Analysen des islamischen Fundamentalismus.* Berlin 1998.

Ackermann, Ulrike: *Sündenfall der Intellektuellen. Ein deutsch-französischer Streit von 1945 bis heute.* Stuttgart 2000.

Anderson, Bendedict und Ruth McVey: *A Preliminary Analysis of the October 1, 1965 Coup in Indonesia.* New York 1971.

Arendt, Hannah: *Elemente und Ursprünge totaler Herrschaft.* Frankfurt am Main 1955.

Armstrong, Karen: *Im Kampf für Gott. Fundamentalismus im Christentum, Judentum und Islam.* München 2004.

Aron, Raymond: *Opium für Intellektuelle oder die Sucht nach Weltanschauung.* Köln 1957.

Aron, Raymond: *Demokratie und Totalitarismus.* Hamburg 1970.

Backes, Uwe und Eckhard Jesse: *Politischer Extremismus in der Bundesrepublik Deutschland,* Bde. 1–3. Bonn 1989.

Bajohr, Frank und Dieter Pohl: *Der Holocaust als offenes Geheimnis. Die Deutschen, die NS-Führung und die Alliierten.* München 2006.

Bartov, Omer: *Hitlers Wehrmacht. Soldaten, Fanatismus und die Brutalisierung des Krieges.* Reinbek 1995.

Beevor, Antony: *Der Spanische Bürgerkrieg.* München 2006.

Benz, Wolfgang (Hrsg.): *Legenden, Lügen, Vorurteile. Ein Lexikon zur Zeitgeschichte.* München 1990.

Bergh, Hendrik van: *Die rote Springflut. Sowjetrußlands Weg ins Herz Europas.* München 1958.

Bernecker, Walther L.: *Krieg in Spanien 1936–1939.* Darmstadt 1991.

Bernecker, Walther L. und Sören Brinkmann: *Kampf der Erinnerungen. Der Spanische Bürgerkrieg in Politik und Gesellschaft 1936–2006.* Nettersheim 2006.

Bieberstein, Johannes Rogalla von: *»Jüdischer Bolschewismus«. Mythos und Realität.* Schnellroda 2003.

Bolschakow, Wladimir: *Kreuzritter aus Washington.* Moskau 1984.

Bosshart, David: *Politische Intellektualität und totalitäre Erfahrung. Hauptströmungen der französischen Totalitarismusdiskussion.* Berlin 1992.

Boventer, Gregor Paul: *Grenzen politischer Freiheit im demokratischen Staat. Das Konzept der streitbaren Demokratie in einem internationalen Vergleich.* Berlin 1985.

Bracher, Karl Dietrich: *Zeitgeschichtliche Kontroversen. Um Faschismus, Totaliarismus, Demokratie.* München 1984.

Bracher, Karl Dietrich: *Europa in der Krise.* Frankfurt am Main 1979.

Bracher, Karl Dietrich: *Die totalitäre Erfahrung.* München 1987.

Brent, Jonathan: *Stalin's last crime. The plot against the Jewish doctors 1948–1953.* New York 2003.

Bronner, Stephen Eric: *Ein Gerücht über die Juden. Die »Protokolle der Weisen von Zion« und der alltägliche Antisemitismus.* Berlin 1999.

Broué, Pierre und Émile Témime: *Revolution und Krieg in Spanien. Geschichte des spanischen Bürgerkriegs.* Frankfurt am Main 1968.

Brünneck, Alexander von: *Politische Justiz gegen Kommunisten in der Bundesrepublik Deutschland 1949–1968.* Frankfurt am Main 1978.

Buchbender, Ortwin: *Das tönerne Erz. Deutsche Propaganda gegen die Rote Armee im Zweiten Weltkrieg.* Stuttgart 1978.

Bundesministerium für gesamtdeutsche Fragen (Hrsg.): *Die rote Flut. Tatsachen und Zahlen über die Bolschewisierung der Sowjetzone.* Bonn 1950.

Burleigh, Michael und Wolfgang Wippermann: *The Racial State. Germany 1933–1945.* Cambridge 2003.

Buschfort, Wolfgang: *Das Ostbüro der SPD. Von der Gründung bis zur Berlin-Krise.* München 1991.

Bustos, Isidoro: *Die Verfassung der Diktatur. Die Entwicklung der Grundrechte in Chile.* Berlin 1987.

Caute, David: *The Great Fear. The Anti-Communist Purge under Truman and Eisenhower.* New York 1978.

Ceplair, Larry und Steven Englund: *The Inquisition in Hollywood: Politics in the Film Community 1930–1960.* Garden City 1980.

Cohn, Norman: *Die Protokolle der Weisen von Zion. Der Mythos der jüdischen Weltverschwörung,* Köln und Berlin 1969.

Courtois, Stéphane u. a.: *Das Schwarzbuch des Kommunismus. Unterdrückung, Verbrechen und Terror.* München 1998.

Cribb, Robert (Hrsg.): *The Indonesian Killings of 1965–1966. Studies from Java and Bali.* Clayton 1990.

Dake, Antonie: *In the Spirit of the Red Banteng. Indonesian Communists Between Moscow and Peking, 1959–1965.* Den Haag 1973.

Davis, Norman: *Im Herzen Europas. Geschichte Polens.* München 2000.

Davis, Norman und Antony Polonsky: *Jews in Eastern Poland and the USSR, 1939–1946.* London 1991.

Deutscher Bundestag (Hrsg.): *Materialien der Enquete-Kommission »Aufarbeitung und Folgen der SED-Diktatur in Deutschland«.* Baden-Baden 1995.

Die Communisten-Verschwörungen des neunzehnten Jahrhunderts. Im amtlichen Auftrag zur Benutzung der Polizei-Behörden der sämmtlichen Bundesstaaten aufgrund der betreffenden gerichtlichen und polizeilichen Acten vorgestellt von Dr. jur. Wermuth, Königl. Hannöverscher Polizei-Director und Dr. jur. Stieber, Königl. Preußischer Polizei-Director. Berlin 1853.

Diederich, Reiner, Richard Grübling und Max Bartholl: *Die rote Gefahr. Antisozialistische Bildagitation 1918–1976.* Berlin 1977.

Döser, Uwe: *Das bolschewistische Rußland in der deutschen Rechtspresse 1918–1925. Eine Studie zum politischen Kampf in der Weimarer Republik.* Berlin 1961.

Drakeley, Steven: *The History of Indonesia.* Westport 2005.

Dülffer, Jost: *Europa im Ost-West-Konflikt 1945–1990.* München 2004.

Eagleton, Terry: *Ideologie. Eine Einführung.* Stuttgart 1993.

Eckart, Dietrich: *Der Bolschewismus von Moses bis Lenin. Zwiegespräch zwischen Adolf Hitler und mir.* München 1924.

Elm, Ludwig: *Das verordnete Feindbild. Neue deutsche Geschichtsideologie und »antitotalitärer Konsens«.* Köln 2001.

Farinacci, Roberto: *Die faschistische Revolution*, Bde. 1–3. München 1939–1941.

Feldbauer, Gerhard: *Von Mussolini bis Fini. Die extreme Rechte in Italien.* Berlin 1996.

Feldbauer, Gerhard: *Der Marsch auf Rom. Faschismus und Antifaschismus in Italien. Von Mussolini bis Berlusconi und Fini.* Köln 2002.

Ford, Henry: *Der internationale Jude. Ein Weltproblem.* Leipzig 1922.

Fried, Richard M.: *Nightmare in Red. The McCarthy Era in Perspective.* New York 1990.

Friedel, Mathias: *Der Volksbund für Frieden und Freiheit.* St. Augustin 2001.

Friedland, Richard: *The Truman Doctrine and the Origins of McCarthyism.* New York 1971.

Friedrich, Carl J. unter Mitarbeit von Zbigniew Brzezinski: *Totalitäre Diktatur.* Stuttgart 1957.

Funke, Manfred (Hrsg.): *Extremismus im demokratischen Rechtsstaat.* Düsseldorf 1978.

Funke, Manfred (Hrsg.): *Totalitarismus. Ein Studien-Reader zur Herrschaftsanalyse moderner Diktaturen.* Düsseldorf 1978.

Furet, François: *Das Ende der Illusion. Der Kommunismus im 20. Jahrhundert.* München 1996.

Gaudig, Olaf und Peter Veit: *Faschismus in Chile. Die Darstellung der nationalsozialistischen Bewegung im Roman.* Berlin 2001.

Gerlach, Christian: *Extrem gewalttätige Gesellschaften. Massengewalt im 20. Jahrhundert.* Stuttgart 2011.

Gerrits, André: »Antisemitism and anti-communism. The myth of Judeo-Communism in Eastern Europe«. In: *East European Affairs* 25, X/1995. S. 49–72.

Gerson, Daniel: »Der Jude als Bolschewist. Die Wiederbelebung eines Stereotyps«. In: Wolfgang Benz (Hrsg.): *Antisemitismus in Deutschland. Zur Aktualität eines Vorurteils.* München 1985. S. 157–180.

Gilman, Sander L. und Steven T. Katz (Hrsg.): *Anti-Semitism in Times of Crisis.* New York 1991.

Glaessner, Gert-Joachim: *Kommunismus – Totalitarismus – Demokratie. Studien zu einer säkularen Auseinandersetzung.* Frankfurt am Main 1995

Gleason, Abbott: *Totalitarianism. The Inner History of the Cold War.* New York 1995.

Goldstein, Robert Justin: *Political Repression in Modern America. From 1870 to the Present.* Boston 1978.

Golczewski, Frank: *Polnisch-jüdische Beziehungen 1881–1922. Eine Studie zur Geschichte des Antisemitismus in Osteuropa.* Wiesbaden 1981.

Goldhagen, Daniel Jonah: *Hitlers willige Vollstrecker. Ganz gewöhnliche Deutsche und der Holocaust.* Berlin 1996.

Gössner, Rolf: *Die vergessenen Justizopfer des Kalten Krieges. Verdrängung im Westen – Abrechnung mit dem Osten?* Berlin 1998.

Grasnick, Georg u. a. (Hrsg.): *Kreuzzug gegen die Koexistenz. Psychologische Kriegführung heute.* Berlin 1995.

Grémion, Pierre: *Intelligence de l'anticomunisme. Le Congrès pour la liberté de la culture à Paris 1950–1975.* Paris 1995.

Griffith, Robert: *The Politics of Fear. Joseph R. McCarthy and the Senate.* Lexington 1970.

Groh, Dieter: *Negative Integration und revolutionärer Attentismus. Die deutsche Sozialdemokratie am Vorabend des Ersten Weltkrieges.* Berlin 1973.

Gronke, Monika: *Geschichte Irans. Von der Islamisierung bis zur Gegenwart.* Berlin 2003.

Gross, Jan Tomasz: *Nachbarn. Die Geschichte der Vernichtung einer jüdischen Kleinstadt.* München 2001.

Grossman, Wassili und Ilja Ehrenburg (Hrsg.): *Das Schwarzbuch. Der Genozid an den sowjetischen Juden.* Deutsche Ausgabe hrsg. von Arno Lustiger. Reinbek 1994.

Hagemann, Frank: *Der Untersuchungsausschuß Freiheitlicher Juristen.* Frankfurt am Main 1994.

Hagemeister, Michael: »Sergej Nilus und die ›Protokolle der Weisen von Zion‹«. In: *Jahrbuch für Antisemitismusforschung* 5/1996. S. 127–147.

Halberstam, Michael: *Totalitarianism and the Modern Conception of Politics.* New Haven 1999.

Hauck, Gerhard: *Einführung in die Ideologiekritik.* Hamburg 1992.

Haury, Thomas: *Antisemitismus von links. Kommunistische Ideologie, Nationalismus und Antizionismus in der frühen DDR.* Hamburg 2002.

Haynes, John E. und Harvey Klehr: *Decoding Soviet Espionage in America.* New Haven 1999.

Heale, Michael: *American Anticommunism. Combating the Enemy Within, 1830–1970.* Baltimore 1999.

Heer, Hannes und Klaus Naumann (Hrsg.): *Vernichtungskrieg. Verbrechen der Wehrmacht 1941 bis 1944.* Hamburg 1995.

Heitzer, Enrico: *»Affäre Walter«. Die vergessene Verhaftungswelle.* Berlin 2008.

Henning, Ruth (Hrsg.): *Die »Jedwabne-Debatte« in polnischen Zeitungen und Zeitschriften.* Potsdam 2001.

Herbeck, Ulrich: *Das Feindbild vom »jüdischen Bolschewiken«. Zur Geschichte des russischen Antisemitismus vor und während der Russischen Revolution.* Berlin 2009.

Herrnstadt, Rudolf: *Die erste Verschwörung gegen das internationale Proletariat. Zur Geschichte des Kölner Kommunistenprozesses 1852.* Berlin 1955.

Hertel, Peter: *»Ich verspreche euch den Himmel«. Geistlicher Anspruch, gesellschaftliche Ziele und kirchliche Bedeutung des Opus Dei.* Düsseldorf 1991.

Hitler, Adolf: *Mein Kampf.* München 1936.

Hofmann, Werner: *Stalinismus und Antikommunismus.* Frankfurt am Main 1967.

Holzer, Jerzy: *»Solidarität«. Die Geschichte einer freien Gewerkschaft in Polen.* München 1985.

Howe, Irving: *1984 revisted. Totalitarianism in Our Century.* New York 1983.

Huntington, Samuel P.: *Kampf der Kulturen. Die Neugestaltung der Weltpolitik im 21. Jahrhundert.* München 1996.

Igel, Regine: *Terrorjahre. Die dunkle Seite der CIA in Italien.* München 2006.

Imbusch, Peter, Dirk Messner und Detlef Nolte: *Chile heute. Politik, Wirtschaft, Kultur.* Frankfurt am Main 2004.

Institut für Zeitgeschichte (Hrsg.): *Totalitarismus und Faschismus. Eine wissenschaftliche und politische Begriffskontroverse.* München 1980.

Jäckel, Eberhard: *Hitlers Weltanschauung. Entwurf einer Herrschaft.* Stuttgart 1981.

Jahn, Peter und Reinhard Rürup (Hrsg.): *Erobern und Vernichten. Der Krieg gegen die Sowjetunion 1941–1945.* Berlin 1991.

Jänicke, Martin: *Der dritte Weg. Die antistalinistische Opposition gegen Ulbricht seit 1953.* Köln 1964.

Jänicke, Martin: *Totalitäre Herrschaft. Anatomie eines politischen Begriffes.* Berlin 1971.

Jesse, Eckhard (Hrsg.): *Totalitarismus im 20. Jahrhundert. Eine Bilanz der internationalen Forschung.* Bonn 1996.

Kahn, Gordon: *Hollywood on Trial. The Story of the Ten Who Were Indicted.* New York 1972.

Kautsky, Karl: *Der neue Staat. Demokratie oder Diktatur.* Berlin o. J. (1918).

Kautsky, Karl: *Die Diktatur des Proletariats.* Wien 1918.

Kautsky, Karl: *Terrorismus und Kommunismus. Ein Beitrag zur Naturgeschichte der Revolution.* Berlin 1919.

Kautsky, Karl: *Georgien. Eine sozialdemokratische Bauernrepublik.* Wien 1921.

Kautsky, Karl: *Die proletarische Revolution und ihr Programm.* Stuttgart 1922.

Kautsky, Karl: *Die Internationale und Sowjetrußland.* Berlin 1925.

Keil, Hartmut: *Sind Sie oder waren Sie Mitglied? Verhörprotokolle über unamerikanische Aktivitäten 1947–1956.* Reinbek 1979.

Kepel, Gilles: *Das Schwarzbuch des Dschihad. Aufstieg und Niedergang des Islamismus.* München 2002.

Kershaw, Ian: *Hitler 1889–1936.* Stuttgart 1998.

Kessler, Mario: *Antisemitismus, Zionismus und Sozialismus. Arbeiterbewegung und jüdische Frage im 20. Jahrhundert.* Mainz 1993.

Kleßmann, Christoph: *Die doppelte Staatsgründung. Deutsche Geschichte 1945–1955.* Bonn 1988.

Kleßmann, Christoph: *Zwei Staaten, eine Nation. Deutsche Geschichte 1955–1970.* Göttingen 1988.

Klinkhammer, Lutz: *Zwischen Bündnis und Besatzung. Das nationalsozialistische Deutschland und die Republik von Salò 1943–1945.* München 1995.

Kloke, Martin W.: *Israel und die deutsche Linke. Zur Geschichte eines schwierigen Verhältnisses.* Frankfurt am Main 1994.

Klotz, Johannes (Hrsg.): *Schlimmer als die Nazis? Das »Schwarzbuch des Kommunismus«, die neue Totalitarismusdebatte und der Geschichtsrevisionismus.* Köln 1999.

Koenen, Gerd: *Utopie der Säuberung. Was war der Kommunismus?* Berlin 1998.

Koenen, Gerd: *Der Russland-Komplex. Die Deutschen und der Osten 1900–1945.* München 2005.

Kolakowski, Leszek: *Die Hauptströmungen des Marxismus. Entstehung, Entwicklung, Zerfall,* Bde. 1–3. Zürich 1976.

Kornbluh, Peter: *The Pinochet File. A Declassified Dossier on Atrocity and Accountability.* New York 2003.

Körner, Klaus: *»Die Rote Gefahr«. Antikommunistische Propaganda in der Bundesrepublik 1950–2000,* Hamburg 2003.

Korte, Jan: *Instrument Antikommunismus. Sonderfall Bundesrepublik.* Berlin 2009.

Kosmala, Beate (Hrsg.): *Die Vertreibung der Juden aus Polen 1968. Antisemitismus und politisches Kalkül.* Berlin 2000.

Kovel, Joel: *Red Hunting in the Promised Land. Anticommunism and the Making of America.* New York 1994.

Kowitz, Stephanie: *Jedwabne. Kollektives Gedächtnis und tabuisierte Vergangenheit.* Berlin 2004.

Kraushaar, Wolfgang: *Linke Geisterfahrer. Denkanstöße für eine antitotalitäre Linke.* Frankfurt am Main 2001.

Kühn, Hartmut: *Das Jahrzehnt der Solidarnosc. Die politische Geschichte Polens 1980–1990.* Berlin 1999.

Kühnhardt, Ludgar u. a. (Hrsg.): *Die doppelte deutsche Diktaturerfahrung. Drittes Reich und DDR – ein historisch-politikwissenschaftlicher Vergleich.* Frankfurt am Main 1994.

Lee, Albert: *Henry Ford and the Jews.* New York 1980.

Lehmann, Walter: *Die Bundesrepublik und Franco-Spanien in den 50er Jahren.* München 2006.

Leibholz, Gerhard: *Strukturprobleme der modernen Demokratie.* Frankfurt am Main 1974.

Lenin, W. I.: *Über die Judenfrage.* Moskau 1932.

Lenin, W. I.: »Die proletarische Revolution und der Renegat Kautsky«. In: *Lenins Werke,* Bd. 28. S. 227–327.

Lenk, Kurt: *Volk und Staat. Strukturwandel politischer Ideologien im 19. und 20. Jahrhundert.* Stuttgart 1971.

Lietzmann, Hans J.: *Politikwissenschaft im »Zeitalter der Diktaturen«. Die Entwicklung der Totalitarismustheorie Carl Joachim Friedrichs.* Opladen 1999.

Lindt, Andreas: *Das Zeitalter des Totalitarismus. Politische Heilslehren und ökumenischer Aufbruch.* Stuttgart 1981.

Lösche, Peter: *Der Bolschewismus im Urteil der deutschen Sozialdemokratie 1903–1920.* Berlin 1967.

Löw, Konrad: *Totalitarismus contra Freiheit. Begriff und Realität.* München 1988.

Löw, Konrad (Hrsg.): *Totalitarismus.* München 1993.

Lozek, Gerhard: Die Totalitarismus-Doktrin im Antikommunismus. Kritik einer Grundkonzeption bürgerlicher Ideologie, Berlin 1985.

Luks, Leonid (Hrsg.): *Der Spätstalinismus und die »jüdische Frage«. Zur antisemitischen Wendung des Kommunismus.* Köln 1998.

Lustiger, Arno: *Rotbuch: Stalin und die Juden. Die tragische Geschichte des Jüdischen Antifaschistischen Komitees und der sowjetischen Juden.* Berlin 1998.

Maier, Hans (Hrsg.): *»Totalitarismus« und »Politische Religionen«. Konzepte des Diktaturvergleiches.* Paderborn 1996.

Mallmann, Klaus und Bogdan Musial: *Genesis des Genozids. Polen 1939–1941.* Darmstadt 2004.

Mantelli, Bruno: *Kurze Geschichte des italienischen Faschismus.* Berlin 1997.

Marx, Karl und Friedrich Engels: »Manifest der Kommunistischen Partei«. In: *MEW,* Bd. 4. Berlin 1959. S. 459–493.

Marx, Karl: »Enthüllungen über den Kommunisten-Prozeß zu Köln«. In: *MEW,* Bd. 8. Berlin 1960. S. 405–470.

Marx, Karl: »Der Bürgerkrieg in Frankreich. Adresse des Generalrats der Internationalen Arbeiterassoziation«. In: *MEW,* Bd. 17. Berlin 1962. S. 313–365.

Mattioli, Aram: *Viva Mussolini! Die Aufwertung des Faschismus im Italien Berlusconis.* Paderborn 2010.

Mayer, Arno J.: *Der Krieg als Kreuzzug. Das Deutsche Reich, Hitlers Wehrmacht und die »Endlösung«.* Reinbek 1989.

Mecklenburg, Jens und Wolfgang Wippermann (Hrsg.): *»Roter Holocaust«? Kritik des Schwarzbuchs des Kommunismus.* Hamburg 1998.

Merz, Kai-Uwe: *Kalter Krieg als antikommunistischer Widerstand. Die Kampfgruppe gegen Unmenschlichkeit 1948–1959.* München 1987.

Merz, Kai-Uwe: *Das Schreckbild. Deutschland und der Bolschewismus 1917 bis 1921.* Berlin 1996.

Messmer, Matthias: *Sowjetischer und postkommunistischer Antisemitismus. Entwicklungen in Rußland, der Ukraine und Litauen.* Konstanz 1997.

Meyer, Klaus und Wolfgang Wippermann (Hrsg.): *Gegen das Vergessen. Deutsch-sowjetische Historikerkonferenz über Ursachen, Opfer, Folgen des deutschen Überfalls auf die Sowjetunion.* Frankfurt am Main 1992.

Meyer, Thomas u. a. (Hrsg.): *Lern- und Arbeitsbuch deutsche Arbeiterbewegung. Darstellung, Chroniken, Dokumente,* Bd. 3. Bonn 1984.

Meyer zu Uptrup, Wolfram: *Kampf gegen die »jüdische Weltverschwörung«. Propaganda und Antisemitismus der Nationalsozialisten 1919 bis 1945.* Berlin 2003.

Michael, Holger: *Zwischen Davidstern und Roter Fahne. Juden in Polen im XX. Jahrhundert.* Berlin 2007.

Michelis, Cesare G. de: *The Non-Existent Manuscript. A Study of the Protocols of the Sages of Zion.* Lincoln 2004.

Modras, Ronald: *The Catholic Church and Antisemitism. Poland, 1933–1939.* London 1994.

Möller Horst (Hrsg.): *Der rote Holocaust und die Deutschen. Die Debatte um das »Schwarzbuch des Kommunismus«.* München 1999.

Moos, Carlo: *Ausgrenzung, Internierung, Deportation. Antisemitismus und Gewalt im späten italienischen Faschismus (1938–1945).* Zürich 2004.

Mortimer, Rex: *Indonesian Communism under Sukarno. Ideology and Politics, 1959–1965.* Ithaca 1974.

Murray, Robert K.: *Red Scare. A Study in National Hysteria, 1919–1920.* New York 1964.

Nirumand, Bahman: *Mit Gott für die Macht. Eine politische Biographie des Ayatollah Chomeini.* Hamburg 1987.

Nohlen, Dieter und Franz Nuscheler: *Handbuch der Dritten Welt.* Hamburg 1983.

Nolte, Ernst: »Eine frühe Quelle zu Hitlers Antisemitismus«. In: *Historische Zeitschrift* 192, 3/1961. S. 584–606.

Nolte, Ernst: *Der Faschismus in seiner Epoche.* München 1963.

Nolte, Ernst: *Deutschland und der Kalte Krieg.* München 1974.

Nolte, Ernst: *Der europäische Bürgerkrieg 1917–1945. Nationalsozialismus und Bolschewismus.* Berlin 1987.

Nolte, Ernst: *Streitpunkte. Heutige und künftige Kontroversen um den Nationalsozialismus.* Berlin 1993.

Notosusanto, Nugroho und Ismail Saleh: *The Coup Attempt of the »September 30th Movement« in Indonesia.* Djakarta 1968.

Paul, Gerhard: *Aufstand der Bilder. Die NS-Propaganda vor 1933.* Bonn 1990.

Payne, Stanley G. : *Falange. A History of Spanish Fascism.* Stanford 1962.

Payne, Stanley G.: *The Franco Regime, 1936–1975.* Madison 1987.

Petzold, Joachim: *Wegbereiter des deutschen Faschismus. Die Jungkonservativen in der Weimarer Republik.* Köln 1978.

Pickhan, Gertrud: *»Gegen den Strom«: Der Allgemeine Jüdische Arbeiterbund »Bund« in Polen 1918–1939.* Stuttgart 2001.

Pipes, Daniel: *Verschwörung. Faszination und Macht des Geheimen.* München 1998.

Pollmann, Viktoria: *Untermieter im christlichen Haus. Die Kirche und die jüdische Frage in Polen anhand der Bistumspresse der Metropolie Krakau 1926–1939.* Wiesbaden 2001.

Powers, Richard G.: *Not Without Honor. The History of American Anticommunism.* New York 1995.

Preston, Paul: *The Spanish Civil War, 1936–1939.* London 1986.

Priestland, David: *Weltgeschichte des Kommunismus. Von der Französischen Revolution bis heute.* München 2009.

Pufelska, Agnieszka: *Die »Judäo-Kommune« – ein Feindbild in Polen. Das polnische Selbstverständnis im Schatten des Antikommunismus.* Berlin 2007.

Rapoport, Louis: *Hammer, Sichel, Davidstern. Judenverfolgung in der Sowjetunion.* Berlin 1992.

Reichel, Hubert: *... der KGB ist immer dabei. Wie Feindbilder gemacht werden.* Düsseldorf 1987.

Renner, Jens: *Der neue Marsch auf Rom. Berlusconi und seine Vorläufer*. Zürich 2002.

Revel, Jean-François: *Die totalitäre Versuchung*. Berlin 1976.

Ricklefs, Merle Calvin: *A History of Modern Indonesia since c. 1200*. New York 2008.

Riesebrodt, Martin: *Die Rückkehr der Religionen. Fundamentalismus und der »Kampf der Kulturen«*. München 2000.

Rogin, Michael P.: *The Intellectuals and McCarthy. The Radical Specter*. Cambridge 1967.

Rohrwasser, Michael: *Der Stalinismus und die Renegaten. Die Literatur der Exkommunisten*. Stuttgart 1991.

Roosa, John: *Pretext for Mass Murder: The September 30th Movement and Suharto's Coup d'état in Indonesia*. Madison 2006.

Roth, Karl Heinz: *Geschichtsrevisionismus. Die Wiedergeburt der Totalitarismustheorie*. Hamburg 1999.

Roth, Karl Heinz u. a.: *Invasionsziel: DDR. Vom Kalten Krieg zur Neuen Ostpolitik*. Hamburg 1971.

Rüß, Gisela: *Anatomie einer politischen Verwaltung. Das Bundesministerium für gesamtdeutsche Fragen*. München 1971.

Salzborn, Samuel: *Grenzenlose Heimat. Geschichte, Gegenwart und Zukunft der Vertriebenenverbände*. Berlin 2000.

Sammons Jeffrey L. (Hrsg.): *Die Protokolle der Weisen von Zion. Die Grundlage des modernen Antisemitismus – eine Fälschung. Text und Kommentar*. Göttingen 1998.

Sana, Heleno: *Die libertäre Revolution. Die Anarchisten im Spanischen Bürgerkrieg*. Hamburg 2001.

Sauerland, Karol: *Polen und Juden zwischen 1939 und 1968. Jedwabne und die Folgen*. Berlin 2004.

Schieder, Wolfgang und Christof Dipper (Hrsg.): *Der Spanische Bürgerkrieg in der internationalen Politik (1936–1939)*. München 1976.

Schirazi, Asghar: *Modernität und gestörte Wahrnehmung. Eine Fallstudie über die Tudeh-Partei des Iran und ihr Verhältnis zur Demokratie*. Hamburg 1979.

Schlangen, Walter: *Die Totalitarismus-Theorie. Entwicklung und Probleme*. Stuttgart 1976.

Schoeps, Julius H. und Joachim Schlör (Hrsg.): *Antisemitismus. Vorurteile und Mythen*. München 1995.

Schöler, Uli: *»Despotischer Sozialismus« oder »Staatssklaverei«? Die theoretische Verarbeitung der sowjetrussischen Entwicklung in der Sozialdemokratie Deutschlands und Österreichs*, Bde. 1 und 2. Hamburg 1990.

Schöngarth, Michael: *Die Totalitarismusdiskussion in der neuen Bundesrepublik 1990 bis 1995*. Köln 1996.

Schrecker, Ellen: *Many Are the Crimes: McCarthyism in America*. Boston 1998.

Schrecker, Ellen: *The Age of McCarthyism. A Brief History with Documents*. Boston 1994.

Schroeder, Klaus: *Der SED-Staat. Partei, Staat und Gesellschaft 1949–1990*. München 1998.

Schroeder, Klaus und Jochen Staadt: *Der diskrete Charme des Status quo. DDR-Forschung in der Ära der Entspannungspolitik.* Berlin 1992.

Schwan, Gesine: *Antikommunismus und Antiamerikanismus in Deutschland. Kontinuität und Wandel nach 1945.* Baden-Baden 1999.

Seidel, Bruno und Siegfried Jenkner (Hrsg.): *Wege der Totalitarismus-Forschung.* Darmstadt 1968.

Siegel, Achim (Hrsg.): *Totalitarismustheorien nach dem Ende des Kommunismus.* Köln 1998.

Silberner, Edmund: *Sozialisten zur Judenfrage. Ein Beitrag zur Geschichte des Sozialismus vom Anfang des 19. Jahrhunderts bis 1914.* Berlin 1962.

Silberner, Edmund: *Kommunisten zur Judenfrage. Zur Geschichte von Theorie und Praxis des Kommunismus.* Opladen 1983.

Söllner, Alfons, Ralf Walkenhaus und Karin Wieland (Hrsg.): *Totalitarismus. Eine Ideengeschichte des 20. Jahrhunderts.* Berlin 1997.

Solschenizyn, Alexander: *Der Archipel Gulag.* Bern 1974.

Souverarine, Boris: *Stalin. Anmerkungen zur Geschichte des Bolschewismus.* München 1980.

Stadtler, Eduard: *Weltkriegsrevolution. Vorträge.* Leipzig 1920.

Stadtler, Eduard: *Als Antibolschewist 1918/1919.* Düsseldorf o. J. (1935).

Steininger, Rolf: *Der Kalte Krieg.* Frankfurt am Main 2003.

Stieber, Wilhelm: *Denkwürdigkeiten des Geheimen Regierugnsrathes Dr. Stieber. Aus seinen hinterlassenen Papieren bearbeitet von Dr. Leopold Auerbach.* Berlin 1884.

Stieber, Wilhelm: *Spion des Kanzlers. Die Enthüllungen von Bismarcks Geheimdienstchef.* Stuttgart 1978.

Stoecker, Adolf: *Das moderne Judenthum, besonders in Berlin.* Berlin 1880.

Stöver, Bernd: *Die Befreiung vom Kommunismus. Amerikanische Liberation Policy im Kalten Krieg 1947–1991.* Köln 2002.

Stöver, Bernd: *Der Kalte Krieg.* München 2003.

Taheri, Amir: *Chomeini und die islamische Revolution.* Hamburg 1985.

Talmon, Jacob L.: *Die Ursprünge der totalitären Demokratie.* Köln und Opladen 1961.

Talmon, Jacob L.: *Politischer Messianismus. Die romantische Phase.* Köln und Opladen 1963.

Talmon, Jacob L.: *The Myth of Nation and the Vision of Revolution. The Origins of Totalitarian Polarisation in the Twentieth Century.* London 1981.

Taubert, Eberhard: *Kommunismus ohne Maske.* Bonn 1955.

Theoharis, Athan G.: *Seeds of Repression. Harry S. Truman and the Origins of McCarthyism.* Chicago 1971.

Todt, Rudolf: *Der radikale deutsche Socialismus und die christliche Gesellschaft.* Wittenberg 1878.

Trotzki, Leo: *Terrorismus und Kommunismus. Anti-Kautsky.* Hamburg 1920.

Ueberschär, Gerd R. und Wolfram Wette (Hrsg.): *Der deutsche Überfall auf die Sowjetunion.* »Unternehmen Barbarossa« 1941. Paderborn 1984.

Uwer, Thomas, Thomas von der Osten-Sacken und Andrea Woeldike (Hrsg.): *Amerika. Der »War on Terror« und der Aufstand der Alten Welt.* Freiburg 2003.

Vetter, Matthias: *Antisemiten und Bolschewiki. Zum Verhältnis von Sowjetsystem und Judenfeindschaft 1917–1939.* Berlin 1995.

Vilar, Pierre: *Der Spanische Bürgerkrieg 1936–1939.* Berlin 2002.

Voegelin, Eric: *Die Politischen Religionen.* München 1993.

Volkmann, Hans-Erich (Hrsg.): *Das Rußlandbild im Dritten Reich.* Köln 1994.

Volkov, Shulamit: *Jüdisches Leben und Antisemitismus im 19. und 20. Jahrhundert.* München 1981.

Vorsteher, Dieter (Hrsg.): *Deutschland im Kalten Krieg 1945–1963. Ausstellungskatalog des Deutschen Historischen Museums.* Berlin 1992.

Wagenknecht, Sahra: *Antisozialistische Strategien im Zeitalter der Systemauseinandersetzung. Zwei Taktiken im Kampf gegen die sozialistische Welt.* Bonn 1997.

Wahdat-Hagh, Wahied: *»Die islamische Republik Iran«. Die Herrschaft des politischen Islam als eine Spielart des Totalitarismus.* Münster 2003.

Walter, Dirk: *Antisemitische Kriminalität und Gewalt. Judenfeindschaft in der Weimarer Republik.* Bonn 1999.

Weeks, Theodore: *From Assimilation to Anitsemitism. The »Jewish Question« in Poland, 1850–1914.* De Kalb 2006.

Wehler, Hans-Ulrich: *Entsorgung der deutschen Vergangenheit? Ein polemischer Essay zum »Historikerstreit«.* München 1988.

Weinstein, Allen und Alexander Vassiliev: *The Haunted Wood. Soviet Espionage in America – The Stalin Era.* New York 1999.

Wippermann, Wolfgang: *Der »deutsche Drang nach Osten«. Ideologie und Wirklichkeit eines politischen Schlagworts.* Darmstadt 1981.

Wippermann, Wolfgang: *Die Bonapartismustheorie von Marx und Engels.* Stuttgart 1983.

Wippermann, Wolfgang: »Probleme und Aufgaben der Beziehungsgeschichte zwischen Deutschen, Polen und Juden«. In: Stefi Jersch-Wenzel (Hrsg.): *Deutsche – Polen – Juden. Ihre Beziehungen von den Anfängen bis ins 20. Jahrhundert.* Berlin 1987. S. 1–47.

Wippermann, Wolfgang: »Antisemityzm e antislawism. Geneza i dzialanie niemieckiego raszizmu«. In: Goethe-Institut Warschau (Hrsg.): *Polacy, Zydzy, Austriacy i Nemce w XIX i na pocatku XX wieku.* Krakau 1995. S. 42–54.

Wippermann, Wolfgang: »Antislavismus«. In: Uwe Puschner u. a. (Hrsg.): *Handbuch zur »Völkischen Bewegung« 1871–1918.* München 1996. S. 512–524.

Wippermann, Wolfgang: *Faschismustheorien. Die Entwicklung der Diskussion von den Anfängen bis heute.* Darmstadt 1997.

Wippermann, Wolfgang: *Totalitarismustheorien. Die Entwicklung der Diskussion von den Anfängen bis heute.* Darmstadt 1997.

Wippermann, Wolfgang: *Wessen Schuld? Vom Historikerstreit zur Goldhagen-Kontroverse.* Berlin 1997.

Wippermann, Wolfgang: *»Wie die Zigeuner«. Antisemitismus und Antiziganismus im Vergleich.* Berlin 1997.

Wippermann, Wolfgang: *Umstrittene Vergangenheit. Fakten und Kontroversen zum Nationalsozialismus.* Berlin 1998.

Wippermann, Wolfgang: »Antikommunismus – Tugend oder Torheit?«. In: Eckart Spoo und Rainer Butenschön (Hrsg.): *Der Mensch & der Plan. Eine Jahrhundertbilanz des Antikommunismus.* Hamburg 2000. S. 62–70.

Wippermann, Wolfgang: *Rassenwahn und Teufelsglaube.* Berlin 2005.

Wippermann, Wolfgang: »Feindbild Osten«. In: Eckart Spoo und Arno Klönne (Hrsg.): *Tabus der bundesdeutschen Geschichte.* Hannover 2006. S. 198–218.

Wippermann, Wolfgang: *Agenten des Bösen. Verschwörungstheorien von Luther bis heute.* Berlin 2007.

Wippermann, Wolfgang: *Die Deutschen und der Osten. Feindbild und Traumland.* Darmstadt 2007.

Wippermann, Wolfgang: »Die deutsche Staatsideologie. Zur Konzeption des Totalitarismus«. In: Florian Wenninger u. a. (Hrsg.): *Geschichte macht Herrschaft. Zur Politik mit der Vergangenheit.* Wien 2007. S. 33–52.

Wippermann, Wolfgang: *Der Wiedergänger. Die vier Leben des Karl Marx.* Wien 2008.

Wippermann, Wolfgang: *Dämonisierung durch Vergleich. DDR und Drittes Reich.* Berlin 2009.

Wippermann, Wolfgang: *Faschismus. Eine Weltgeschichte vom 19. Jahrhundert bis heute.* Darmstadt 2009.

Woller, Hans: *Rom, 28. Oktober 1922. Die faschistische Herausforderung.* München 1999.

Wörsdörfer, Rolf: *Krisenherd Adria. 1915–1955. Konstruktion und Artikulation des Nationalen im italienisch-jugoslawischen Grenzraum.* Paderborn 2004.

Zarusky, Jürgen: *Die deutschen Sozialdemokraten und das sowjetische Modell. Ideologische Auseinandersetzungen und außenpolitische Konzeptionen 1917–1933.* München 1992.

Zernack, Klaus: *Polen und Rußland. Zwei Wege in der europäischen Geschichte.* Berlin 1994.